百年早餐史

現代人最重要的晨間革命，可可、咖啡與
糖霜編織而成的芬芳記憶

Le monde dans nos tasses :
trois siècles de petit déjeuner

克里斯穹・葛塔魯（Christian Grataloup）——著
蔡孟貞——譯

咖啡，

獻給維多琳
（Victorine）

茶，

獻給艾力西斯
（Alexis）

▶▶ 一定要吃早餐嗎？──透過早餐理解世界的運作

胡川安／中央研究院歷史語言研究所博士後研究員

「故事：寫給所有人的歷史」網站主編

「一定要吃早餐喔！」

從小，吃早餐總是和健康畫上等號，而且很多醫生也百般的告誡我們慢性疾病與不吃早餐有關。但是，近來一些研究報告或是書籍逐漸打破這樣的想法，像是牛津大學臨床生化學博士泰倫斯・基利（Terence Kealey），就在最近的一本書《早餐是危險的一餐》（*Breakfast is a Dangerous Meal*）中指出早餐有害人體健康。

如果吃早餐對於健康有害，或許我們可以從另外一個角度切入：是什麼樣的經濟和社會背景，或是歷史條件，讓我們信服早餐是「健康」的一餐？而現在常見的西式早餐組合，像是火腿、蛋、培根和麵包，搭配的飲品咖啡、茶和可可，如此一成不變的組合是如何出現的呢？我們不妨從歷史找答案吧！

「早餐」近來也成為歷史研究的主題，像是《早餐簡史》（*Breakfast: A History*）指出，由於工業革命後，本來

在農村工作的農民進入工廠和辦公室，讓早餐從原本較為豐盛轉向清淡的一餐。但在1940年代由於食品公司的公關專家在推廣培根的壓力之下，聯手和醫生一起將蛋白質和油脂的重要性推廣上了現在的早餐餐桌。

那麼，以前的人到底吃什麼呢？在另外一本早餐史的著作《一日三餐：美國膳食的發明》（*Three Squares: The Invention of the American Meal*），艾比蓋爾・卡羅爾（Abigail Carroll）則認為過去的早餐並不是如此制式和單一，而且大部的人都是吃前一晚剩下的食物。

以往這世界大部分地方的人都不是吃完早餐才上工，通常都是一大清早就到田裡工作，幹活一陣子之後才開始一天的一餐。從拉丁文和英文的字根或許我們也可以追索一下早餐的由來，現在英文當中的「dinner」，我們都知道代表晚餐的意思，但在以往指的是一天中接近中午吃的那一餐，同時那一餐又是一天的第一餐，而「dinner」跟「breakfast」兩個字又是同源，聽起來真是令人感到困惑。總之，不管「breakfast」或「dinner」指的是不是起床後第一餐，過去人們都在接近中午時吃。

不管是從健康的論據、社會的演變，抑或詞彙的探源，都可以看到吃早餐不是理所當然的一件事，法國地理歷史（géohistoire）學者克里斯穹・葛塔魯（Christian

Grataloup）撰寫的這本《百年早餐史》所採用的角度也是如此。但克里斯穹相較於其他學者，更看重空間在歷史上的變化，他是巴黎狄德羅大學的榮譽教授，以往的作品包含《全球化的地理歷史》（*Géohistoire de la mondialisation*）、《我們對於世界歷史是否應該有不同的想像？》（*Faut-il penser autrement l'histoire du monde?*），以文化地理的角度追索現代性，讓地理增加歷史的向度，並且從日常生活中理解全球化的概念。

《百年早餐史》延續作者以往的方式，在生活的細節中尋求全球化的痕跡，現代歐洲早餐中的常見飲品：咖啡、茶和可可，三種熱帶植栽的作物，是目前最流行於早餐餐桌上的無酒精飲料。透過近兩、三百年世界的殖民歷史與全球化的過程，產於非洲和拉丁美洲的可可和咖啡，還有在亞洲生產的茶，我們可以看到人群的交流、經濟的剝削、文化的互動，還有近代社會的形成過程，當拿起飲品和咀嚼早餐的那一刻，我們同時也是全球化的參與者。

目次

▸▸ 世界
甦醒

　　早餐，既熟悉又陌生的一餐，我們每天與它相見，有時疾如旋風，有時躺在床上一派慵懶閒適，最常的還是坐在自家餐桌前，偶爾也在飯店的自助吧台邊。它一派簡樸，不拿過多的花樣煩你，大體每個早晨它的樣貌都差不多。走進飯店，不同於午餐和晚餐這兩者，它沒有菜單。或許正是因為它的一貫性和平淡無奇，所以無法激起人們對它的好奇心。

　　事實上，歷史學、社會學、地理學和人類學的學者對它的確沒什麼興趣。營養師至多也只是提醒大家，飲食攝取要定時定量，早餐應該占每日攝取熱量的三分之一到四分之一。相對於圖書館架上擺得滿滿的料理指南和美食書籍，專門研究早餐的論述幾乎闕如。而美食書籍、食譜、餐廳指南等介紹的各路菜系，全都是為了正午和向晚的兩頓準備的，無論是家常還是功夫菜。早餐，它呢，從來沒能替哪位大廚摘過一顆米其林星星。

　　話雖如此，但只要湊近點瞧，你會發現早餐的歷史相當驚人。第一個令人驚奇的地方是，它竟如此之年輕。早餐的年紀不超過三百歲，而另外兩頓隨便都能講出令人肅

然起敬的綿長源起。連這個法文字「petit déjeuner ／早餐」都讓人感到匪夷所思，早餐原來只是比午餐更簡單、更小型的一餐而已[1]。尤其奇特的是，它是以熱飲——茶、咖啡、熱可可——為主軸，而這些飲品的原料全都不是歐洲本地產物。茶樹、咖啡樹和可可樹都無法在溫帶地區生長。至於糖，相較於另外兩餐，它在早餐中的角色更為吃重（這些熱飲通常要加糖飲用，更別說果醬、甜麵包、穀物麥片了），直到十九世紀初，甘蔗可說是製糖的唯一原料，它也是熱帶植物。

難不成早餐是歐洲人從別的地方引進，然後強納為己有的嗎？這個說法讓人難以置信，因為這些飲品的原產地分布太廣了：可可的原產地不是美洲嗎？咖啡原產非洲，而茶來自亞洲吧？阿茲特克人（十四至十六世紀的墨西哥古文明）他們喝的「cocoatl ／可可」，裡面不放糖，事實上他們根本還不知道如何製糖。同樣的，中國人喝的「chaï ／茶」也不放糖。至於咖啡，原本也不是在早上喝的。所以，要說早餐的歷史，打從源頭開始，就得從歐洲說起。

早餐蔓延快速。儘管今日早餐的形式多樣，但裡面幾乎都尋得到西方世界的痕跡，就算只喝一杯咖啡也一樣。早餐於是成為了飲食全球化的最小公分母。全球各

地任何一間自詡是國際級的旅館，就算設備再簡陋，早餐的樣貌也不會太偏離常規，雖然說西方旅客有時仍不免面面相覷……。

因此，早餐不為人知的史話的確值得一書、讓人知曉。它的起源一點都不神祕：十八世紀初，倫敦、阿姆斯特丹和巴黎等地的一些貴族名門已經習慣每天清晨喝一杯早在數十年前這類口袋夠深的人士就熟知的飲品。由於這些西歐貴族世家，和城市的資產階級迷戀的茶、咖啡和可可均來自遙遠的國度，加上當時運輸的過程風險很高，這類飲料的價格貴得嚇人。因此，這類飲品相當可能只是一時的風潮而已，但結果出人意外，它們漸漸普及並且流傳下來，不再侷限於富貴人家專享。一般百姓，尤其是城市居民，很快的就接受了它們，整個十九世紀，茶、咖啡和可可風靡了西方社會的各個階層，爾後向外擴散。

早餐的出現並非毫無來由。晨間飲品和糖的歷史源頭可以從人類使用香料的淵源裡覓得端倪，前人更相信，這些飲品的植物苗種起源甚至可遠溯至伊甸園。要讓咖啡、糖、可可和茶走進歐洲人的杯子裡，歐洲各國必須開闢海運路線，確保中間轉運順暢，擊垮競爭對手，開墾農地，強行將人從他們的原生社會帶走並壓榨成為奴

隸，投注心力研發創新以提升風味、改良大面積的種植技術和日常生活用具，從中國人那裡竊取燒瓷祕技和茶樹苗種⋯⋯。

他們必須創造世界。

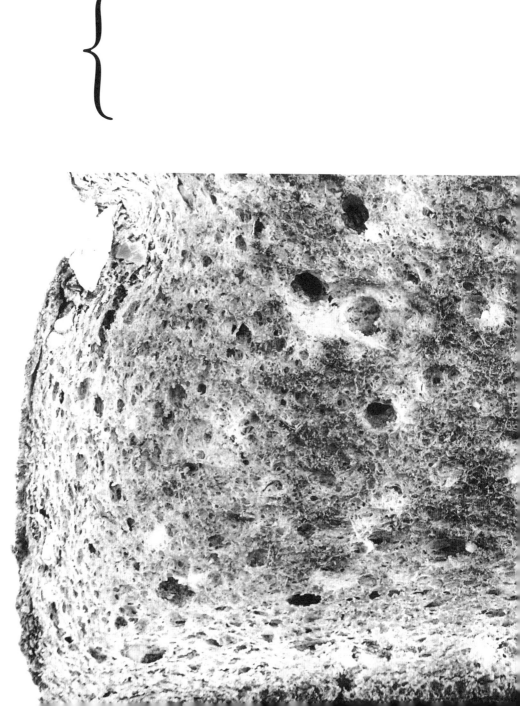

從前從前，
在十八世紀的歐洲

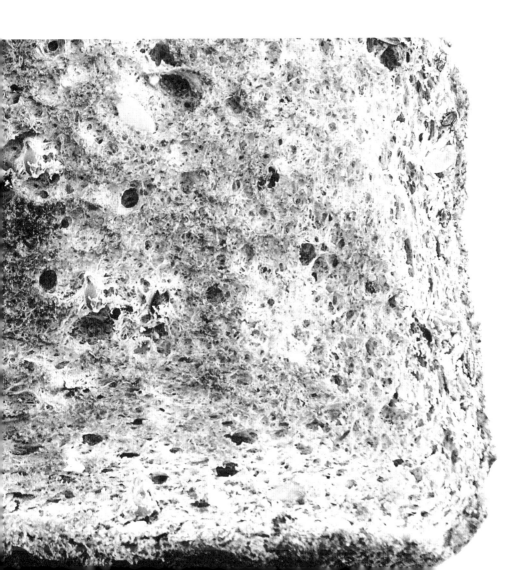

►► 第一話

您說的是「早」餐嗎？

　　巴爾札克為了凸顯《不自知的喜劇演員》(巴爾札克《人間喜劇》作品集中的一部) 裡頭兩位主人翁的背景差異，刻畫了一幕用餐時間曖昧不明的場景：

　　里昂・德・羅拉差人通知他的表兄弟嘉佐納，邀他明天到巴黎咖啡館共進「déjeuner」……

　　第二天十點左右，嘉佐納才從咖啡店東 (外省地區對咖啡館老闆的稱呼) 的口中得知，這裡的先生們慣常是在十一點半到十二點之間用「déjeuner」，他只得在大街上來回踱步，走了大約一個小時才迎來他的東道主……

　　這頓恐怖的午膳，嘉佐納親眼目睹六打來自奧斯滕德 (Ostende，比利時西部城市) 的生蠔，六片肋排佐奶油洋蔥醬、一隻馬倫哥 (Marengo，義大利西北部城市) 燉雞、龍蝦沙拉、煮豆子、酥皮奶油蘑菇被吞下肚，外加三瓶波爾多葡萄酒、三瓶香檳、咖啡、餐後甜酒，這還沒算上那些前菜，他火力全開大肆抨擊巴黎。

上段場景出現在這部1846年出版的小說一開頭。席維斯特‧嘉佐納從土生土長的故鄉東庇里牛斯省「北上巴黎」，為的是解決一宗棘手的訴訟案。最後他找到了他的表兄弟，以密斯提格斯為名作畫的流行畫家里昂‧德‧羅拉；《人間喜劇》的讀者想必與這位仁兄已經有過數面之緣了。巴爾札克藉由這對城裡人和典型南法外省鄉巴佬組成的雙人組合，凸顯出許多經典人物，描繪出一幕幕巴黎生活鬧劇。

　　巴爾札克利用了巴黎和佩皮尼昂（Perpignan，東庇里牛斯省首府，臨地中海）附近的一座工業小鎮兩地對「déjeuner」一字理解上的歧異點大作文章。嘉佐納上午很早就到了巴黎市的美食聖地，巴黎咖啡館（他們有好幾道菜在當時非常流行，廣受歡迎），以為密斯提格斯請吃的是「早餐」。表兄弟倆相見歡後，上桌的菜餚琳琅滿目，看得人眼花撩亂，雖然席上還有第三名賓客，不過光從書裡列出的菜色，應該很明顯可以看出這餐飯指的是哪一頓了吧。為防讀者尚有疑惑，巴爾札克甚至特別在本段前面加了一個小標題：「嘉佐納生平第一次在符合巴黎人的標準時間裡用『déjeuner』」。

　　這個場景的背景年代應該是1845年：在巴黎，用「déjeuner」這個字表示「白天正午的那一餐」早有半世紀

之久了，然而對外地人來說，就算是已經晉升中產階層人士（嘉佐納是一名企業主，且身兼當地國民衛隊的隊長），他對「déjeuner」一字的認知卻是「早上的那一餐」。

巴爾札克是用文學的手法，大玩巴黎／外省之間的反差遊戲。其實自十八世紀末以來，讀者必須小心細看背景的描述，才能捕捉住法文文章裡頭「déjeuner」這個字的確切意義。甚至連巴黎市街都可能出現這種語義上的曖昧不明，但這並不是短時間造就出來的。整個十九世紀前半，許多文學作品都以「Premier déjeuner／第一餐」來指稱大清早吃的早飯，接著是約莫於十一點到十一點半的「seconde déjeuner／第二餐」（這就是巴爾札克所謂的城裡人吃「déjeuner」的時刻），又稱「grand déjeuner／大餐」，相對的就有「petit déjeuner／小餐」啦。

曖昧不明其來有自

十九世紀初以降，嘉佐納的慘痛經驗並不是個案，有兩派人士始終涇渭分明，一是正午吃「dîner」，然後在薄暮時分吃「souper」的人，另一陣營則是在白晝的中間吃「déjeuner」，然後夜幕降臨後才吃「dîner」。我們可以和巴爾札克一樣，拿巴黎／外省來分辨差異，以化外之境的角

度來理解這般情況。用「déjeuner」一字特定指稱「中午那一餐」的新解起源於巴黎，只是當時尚未完全普及法語區全境。直至二十一世紀初的今天，瓦隆區（Wallons，比利時南半部，以法語為主要語言的地區）、瑞士法語區、瓦來達奧斯塔區（Valdotains，義大利西北部山區）和魁北克依舊是在向晚時刻吃「souper」。若讀者朋友們受邀到比利時或日內瓦湖的湖畔人家作客，而您又不是當地人的話，請小心，務必弄清楚用餐的時間！

「petit déjeuner」一詞的誕生，連帶影響傍晚那一餐改以「dîner」指稱，這其實不是自古就有的說法，而是社會發展使然。實際上，是巴黎的資產階級定的調。美食評論和餐廳指南的鼻祖，葛力莫・德・拉黑尼葉（Grimod de La Reynière，1758-1838）[1] 從執政府時期到波旁王朝復辟 [2] 這段時間出版的《美食者年鑑》，1804年之後就採用了巴黎有錢人的說法，不再用「déjeuner」指稱清早的那一頓了。相反的，雨果在六十年後寫就的《悲慘世界》裡頭則清清楚楚的寫著，小老百姓中午吃「dîner」。

艾彌兒・李特萊（Émile Littré，1801-1881，法文辭典的編纂者）是名副其實的保守派，他在那部著名的《法語大辭典》（*Dictionnaire de la langue française*，1859-1872）裡給「déjeuner」下的定義是「早上的一餐」，完全沒有提到

前面的形容詞「petit／小」。儘管如此，裡頭還補了另一頓餐的中間講法：

「déjeuner-dîner／午晚餐」，辭典中定義如下：「比尋常「déjeuner」更晚些吃的正餐。」總之，辭典對「déjeuner」的定義完全偏向早膳之意。但是李特萊也不是那麼前後一貫。編到「dîner」一字時，他的定義卻是：「以前人的說法：在鄉下或小鎮人家仍有在接近正午之時用此餐的習慣。」然後在稍遠的地方又加注：「今人多於晚間五至七時之間用此餐。」「souper」一字則是：「日常晚間吃的一餐，這個字在大城市有消失的跡象。語言的確是難以明確界定的東西⋯⋯」

這些字彙慢慢流行於法國首都居民和外省的資產階級之間，但還沒成功走出國界、打入全球法語疆域。旅館和餐廳在這些字彙的普及上扮演了關鍵性的角色，它們將巴黎客人用的詞彙轉化為公開場合用的標準語，由是造就了巴黎詞彙與民間私下日常用語的語義歧異。正午吃「dîner」的講法在今日似乎可以當作是瓦隆區和魁北克地區的語言特徵，這樣的說法多半源自當地的資產階級，而他們大多來自多少離首都巴黎稍遠的外省地區。這講法印證了李特萊在辭典中的定義。儘管這種講法可能惹得巴黎人不快，但這些日常語法的語義差異並未完

全消失，因為這整套字彙的演變過程才不過兩百年，兩百年對用餐這樣基本上屬於私領域的習慣做法來說並不算長。兩百年不過是七、八個世代的事，在某些地區，時間可能更短。

全球化的一餐誕生

語義的位移見證了飲食習慣的一項重大變革：新型態的一餐誕生。到十八世紀初期為止，人們白天吃的第一頓飯跟其他幾頓幾乎沒有什麼區別；千篇一律以鹹食為主。無論社會背景和地域如何不同，法國跟歐洲的其他地方都一樣，湯在每天的第一頓飯裡占有相當的分量。歐洲人吃的跟世界其他地區的人基本上也還沒有太大的分別。

套句今天流行的用語，歐洲人大體吃的都是「在地食材」，相當符合在地食材主義提倡者的理念，鼓吹日常飲食的基本食材均應取自周遭，不超過方圓250公里之外的地方。這樣說來，住在非熱帶地區的人，早餐想要來一杯茶或咖啡豈不是非分之想！

歐洲早餐的食材來源圖，打從十九世紀起，就是一張貨真價實的世界全圖。繞著三種飲品為中心：咖啡、

茶和可可；每一種飲品的農產原料都來自熱帶地區。

　　糖也扮演著重量級的角色，儘管現在糖不必然是甘蔗煉製而成，但蔗糖的比重仍遙遙領先其他種類的糖。甘蔗也是熱帶植物。此外，早餐提供的果汁，絕大部分屬於柑桔類。這類果樹的原產地在東南亞，溫帶地區並沒有。穀麥類食物（麵包、糕點）的原料，相較之下確實多採用本地的食材製作，但也並非全部，同樣的邏輯也可以套用在牛奶和奶油身上（但是麵包的抹醬就完全不是這麼回事了）。

　　時至今日，早餐餐桌上的食物多半仍來自遙遠的他方，早餐的經典樣式仍是全球化的最佳範例。這其實不是什麼新聞，因為起床後喝熱帶飲品的做法早在十八世紀初就已經出現在西北歐的上流社會人家，例如荷蘭、倫敦和巴黎的貴族或富裕的資產階級，而後慢慢的流傳到歐洲其他國家，普及社會各個階層，更進一步擴展到全世界。語言學上的演變，亦即在「déjeuner」前加一個形容詞「petit／小」，則是在這種飲食習慣演進了百年之久後才出現。這些遠方食材最早只出現在某些大戶人家的餐桌上，最終走入了歐洲大多數家庭的廚房，此一演變過程恰恰見證了歐洲掌控海上霸權，占領愈來愈廣的海外疆域，並在殖民地開墾農作種植以滿足自家市

場需求的發展歷程。

　　因此，相較於其他兩頓餐食，早餐更能具體呈現出所謂的「工業革命」和「全球化」造成的衝擊。

▶▶　　第二話

結束或開端？

　　朱利安・葛哈克（Julien Gracq，1910-2007，法國作家）喜歡把「déjeuner」寫成「déjeûner」[1]，在 u 上頭加上這個今日依舊能引發無聊論戰的長音符號，以確實符合這個字的起源：空腹結束（空腹這個字「jeûne」的 u 當然得冠上長音符號）。從生物學角度來說，空腹的狀態要從最後一次進食結束後的六個小時之後起算，也是體內的食物消化循環告一段落之意。由於夜晚的休息時間比較久，沒能進食的空腹期自然就數夜晚這段時間最長了，所以早上的第一頓，就字面上解釋，就是「結束空腹狀態」的意思。

兩大詞源系譜

　　蒐羅世界各國語言用來指稱白天第一頓餐的字彙（僅舉幾個當範例，以免過於龐雜無法消化！）可以概括區分出兩大詞源系譜外加一個小枝芽。許多國家的早餐一字與法文的早餐同出一源，意指結束空腹的狀態。另一詞源則比較平鋪直敘，直白的點出早餐是一天當中的頭一

餐。總之各國語言的早餐詞彙指的不是在進食之前，夜間停食的空腹狀態結束了，就是一天飲食循環的開端。

可歸於第一類詞源系譜的語言，除了法文之外，還有西班牙文「desayuno」（「sayuno」指的就是空腹的狀態＝法文的「jeûne」）；羅馬尼亞語「mic-dejun」（「dejun」是「結束空腹」的意思，而「mic」是小的）；印度語「nashta」（源自梵文，意思是飢餓）；英文「breakfast」（打破空腹狀態），雖然非常古老的古英語，早餐是用「morgenmete」（早晨那頓）這個字。此外，屬於第一類詞源的語言還有西非的沃洛夫族語（wolof）「ndekki」，源自「dekki」，意指重生（「dee」是死亡，而「ki」帶有昇華的意涵）。

至於德語「Frühstück」則可歸於第二類詞源系譜（從字面上解釋，「stück」指吃的東西，「Früh」是大清早的意思）。中文同屬此類：漢字「早」和漢字的「餐」合起來就是「早餐」──清早的那頓飯。義大利文「prima colazione」、荷蘭文「ontbijt」（照字面解釋就是：早上吃的）、希伯來文早餐這詞的字面直譯是「早上的飯」。還有韓文「Atchim ssiksa」，字面上的意思是「早上的吃食」，跟日文的「朝食」異曲同工，按字面可譯成「晨間的胃口」。

某些語言跟法文一樣，歷經漫長的字義位移的演化過程。好比葡萄牙文的「almozo」，如今指的是「中午的

那一餐」（千萬別把它跟世界語的同形字搞混了，世界語的「almozo」指的是「施捨」，源自德文的「almosen」），「pequeno almozo」才是早餐。馬達加斯加語的「sakafo kely」指的是早餐，單單「sakafo」一字則是指午餐──「kely」也是「小」的意思。

　　字義位移的情況在某些地方可能更複雜，因而產生世代之間或者一字多義的社會混淆。斯堪地納維亞地區就是絕佳的例子。瑞典人最常用來指稱早餐的字自然是「frukost」，這個字的字義演變過程恰好跟「déjeuner」反道而行，因為這個字不久之前仍是用來指白天正午吃的那一頓飯。在瑞典，還有些上了年紀的老年人會用「frukost」來表示接近正午時吃的那一頓；但這樣的用法已經漸漸沒落了。相反的，這樣的字義演變並未發生在丹麥，丹麥人一直都用「morgonmad」（古瑞典文「morgonmat」的同義字，這兩個字的詞源非常清楚：「morgon」，意謂早晨，而「mat／mad」是食物的意思）。丹麥文午餐的說法是「frokost」，晚餐則叫「middag」。

　　今天，在瑞典跟在其他許多國家一樣，「lunch」是白日中間那餐的定義至今已無歧異，但在學校，仍找得到與之抗衡的另一種說法。在學校，一般仍沿用「matrast」這個字，泛指地方政府在十一點半左右免費提供給學

生的餐食。總之，在瑞典，關於三頓飯的說法，基本上存在兩大系統。老一輩的說法，即正逐漸凋零中的三餐說法是：「morgonmat」、「frukost」、「middag」。比較新的說法，逐漸普及中的是：「frukost」、「lunch」或「matrast」、「middag」。不過仍然有些老一輩的長者也會用：「frukost」、「middag」、「kvällsmat」（「kväll」＝晚上）來指稱三餐。所以記得，如果您受邀至鄰近斯德哥爾摩的地方與瑞典家庭共進「frukost」的話，最好先費心確認一下用餐時間！

最後介紹第三類詞源系譜，這類型的字重點在強調早餐的主要食物。在巴西，早餐沒有人說「pequeno almozo」，反而都說「café da manhã」。在衣索匹亞，三餐中的第一餐叫「qurs」，意思是「一塊麵包」，顯示了麵包幾乎是依索匹亞人早餐的唯一食物，也與基督最後的晚餐的食物相呼應（「qurs」源自阿姆哈拉語〔amharique，衣索匹亞的官方語言〕，意指「掰開麵包，分成小塊」）。

◀ 羅馬的先例 ◀

話說古希臘文用來指稱一日三餐的字彙（早餐「ἀκρατισμός／akratismós」、午餐「ἄριστον／áriston」

和晚餐「δεῖπυου／deîpnon」）流傳至今似乎沒有多大改變，相反的，歷史學家傑洛姆‧卡寇皮諾（Jérôme Carcopino，1881-1970，法國歷史學家）卻指出，在羅馬帝國前期，出現了一個類似十九世紀初法文一日三餐的字彙位移轉變：

> 跟我們國家一樣，當夜間的「souper」（晚餐）淘汰消失後，原先的「déjeuner／早餐」、「dîner／午餐」和「souper／晚餐」的說法於是被「petit déjeuner／早餐」、「déjeuner／午餐」和「dîner／晚餐」取代。在羅馬，早先「jentaculum／早膳」、「cena／午膳」和「vesperna／晚膳」的一日三餐，因「vesperna／晚膳」的消失，所以在整個古典時期，一日三餐的說法變成了「jentaculum／早膳」、「prandium／午膳」和「cena／晚膳」。[2]

值得注意的是，羅馬時代的早餐一字屬第一類詞源系譜：「jentaculum」源於「jento」，是「jejuntus」（空腹者）的簡寫，等同法文的「jeûne」（空腹狀態）。

卡寇皮諾所描寫的字義演變過程，跟後來十八世紀的情況不盡相同，因為在羅馬帝國前期，三餐詞彙之所

以出現位移變化，其實說明的是傍晚吃的那一餐變成一日中的正餐了，因而將原本的「cena／午膳」（此即耶穌基督最後晚餐「Cène」一字的起源）推遲變成夜幕低垂之後才吃的一餐。這個位移後的晚餐說法，在當時是只有少數社會菁英才有的飲食習慣，或只有一些偶爾舉辦的豪華宴會符合定義而已。這類筵席的餐桌上會有來自帝國各地方的特產，甚至有些還來自帝國疆界之外，無視企圖整飭社會風紀的羅馬老派監察吏對它的大力抨擊。糖就是在這樣的背景下，出現在羅馬人一日當中最晚吃的那一餐裡，而不像後來，多只在大清早的早餐裡才見得著它。當時的糖來自印度或伊朗，而且價格貴得嚇人。就像《愛情神話》（*Satiricon*）[3]裡描繪的特立馬西翁家舉辦的著名盛宴，在當時已經可以品嘗到裏海的鱘魚（以及鱘魚卵）、大馬士革的棗，而且道道餐點皆以來自遠東地區的多種香料調味。

餐飲食材和各國語言在一日三餐字彙上的演變，點出了全球化最早的途徑，它連結了本紀元初的大帝國，從中國的漢朝一直到羅馬帝國。直到十九世紀，德國地理學家李希霍芬（Ferdinand von Richthofen，1833- 1905，德國科學家、探險家）為之定名，稱為「絲路」。飲食字彙和菜式的活躍多樣分別在各地證明了一種以全球為規模的宏觀經

濟正在崛起，而站在十八和十九世紀交替點上的歐洲即為實證。

早餐和法國大革命

　　文學作品記錄了十九世紀前半葉巴黎市民口中的「déjeuner」定義位移的現象，事實上，字義的演化更早，至少可再往前溯。我們常能在某位文學家的文章中找到一套過於簡化的解釋，他就是在法國大革命期間定居巴黎的還俗教士，安東・迦佑（Antoine Caillot，1759-1839）。根據他的說法，三餐字彙產生分歧的主要原因得歸咎於「dîner」這一餐。制憲議會的議員肩負改革工程的重責大任，個個忙得焦頭爛額，因此只能等到大會會議結束，也就是大約下午五點或快五點的時候才吃「dîner」。國民公會的諸公就更忙了，只得把用餐時間更往後挪。於是「dîner」最後變成了近晚時分才吃的那一餐，相對的，「déjeuner」則成了約莫過午之後才吃的一餐。

　　這個說法屢經轉述，或許太偏向於把緩慢的風俗習慣演變，轉嫁成時間上比較快速的政治變革了。事實上，早在「petit déjeuner／早餐」這個字彙問世之前，以異國

飲品為主的早餐，在十八世紀初就已經出現於歐洲了，到了該世紀末，這樣的早餐習慣更已在有錢人的家庭裡根深柢固。與其說1789年到1795年間的國會議員們創造出新的日常飲食步調，不如說他們選擇去適應這個已經啟動的新步調。無論如何，假設法語區國家仍然秉持著一切以巴黎為依歸的概念，那麼飲食步調的革命已經展開……。

第三話

一日之首，歷史之末

　　進食確是人性。舉凡有生命的生物都要進食。然而，根據特定的社會習慣，且總是繁瑣地額外使用特殊用具，然後在一日的某個特定時間點，吃下規範好的整份菜餚和飲料，這就遠超出人性的範疇了。生物學上跟人類相近的某些動物也有集體進食的行為，尤其是具有社會性的物種（大型猿猴、狼、獅子……）。牠們共同進食時，似乎也不是毫無規範：比如誰對最搶手的食物有優先享用權，進食的先後次序，以及座位的安排等等，這無一不讓人聯想起人類的餐桌禮儀。

隨機進食遭淘汰

　　然而，除了人類以外的其他具社會行為特徵的動物，牠們遵循進食規範的情況仍屬罕見。最常見的情況是，動物（其實植物也是）個個都是機會主義者：只要一有機會，立刻搶食。牠們打獵、外出尋找食物（水果、穀物、草或樹葉、昆蟲……），以至於進食的時機從來就沒有一張規律的時間表。因此，人類豢養的動物最明顯

的特徵，就是牠們是依循著某種與牠們一起生活的人類所制訂的間隔時間進食，如此日復一日的循環，也就是分餐進食。有些動物園安排的「餐」是在白天輪流分時段餵食，一個物種接一個物種，目的是為了讓參觀民眾能夠欣賞到餵食秀。

儘管如此，人類依舊有機會選擇隨機進食的生活方式。在物種極其多樣的環境中生活的社會組織就是最好的例子，好比亞馬遜河流域熱帶雨林區的居民。漿果或昆蟲，樹葉或蛆，皆是不需等待用餐時刻來臨，隨時隨地可放進嘴裡的美味。這樣的人類學實證，不也勾起了我們對眾多因野生大地開墾後消失的野外美味的懷念之情嗎？工業社會中，人們可購買的動植物產品種類，從數千種增加到數萬種。而居住在婆羅洲、剛果或亞馬遜河谷密林中的原始居民視為美味的絕大多數食物，看在那些初來乍到的旅人眼裡，第一個反應多半是噁心得退避三舍，而後也許才會在好奇心的驅使之下嘗一嘗味道。

這隨機在路上尋得的進食機會，跟城市居民習以為常的閒閒嚼個零嘴，在本質上其實並沒有什麼不同。

一日三餐

分餐而食，從餐飲內容和出菜次序上長期形塑出的規範來看，是專屬於人類社會（以人性的角度而言）的行為，但它同樣也受限於生物體的某些限制，最強力的限制莫過於舉世皆然的日常三分法作息。每日分三次進食：這大概是比禁止亂倫更普遍的舉世法則了。

其中的道理很簡單：就一個清醒的個體來說，成年人的消化系統必須每隔五到六個小時進食一次。食物在胃裡停留的階段大約是一個半小時到兩小時；再來需要三到五小時的時間來通過小腸，這段吸收的階段會隨著年齡的增長而延長。待在大腸的時間就長得多了，可能超過六十個小時；不過，到了這裡，已經屬於食物殘渣的儲存和管理階段了，就狹義的解釋，並不屬於食物循環的一部分。若我們把這個生物上的限制和另一個基本的生理需求，即睡眠，兩相結合，睡眠時間平均是八小時左右，如此一來，一個成年個體的標準日常基礎作息表就出來了。

獨居亞馬遜叢林的黑尼洛人（Jivaro），多少總是吃個不停的進食方式，套在為了考試通宵熬夜複習功課的學生身上，單就維生的觀點來看，其實並不荒謬。白天不

間斷的進食比較偏向社會現象，而非生理的制約。考驗耐力的運動項目，不允許在也許長達十幾個小時的運動競賽時間內有任何停頓，但途中得不停大量攝取水分、熱量、礦物質，尤其是鈉，所以必須在使勁賣力的過程中規律的補充營養。然而，「吃零食」經常是用來形容大白天裡吃個不停，有著明顯負面色彩的行為。這樣的行為確實總是常跟超高熱量或太油太甜的食物產生連結，而且常常是在身體不太活動的時候進行。青少年懶洋洋的躺在沙發上看電視，洋芋片、糖果一口接一口，再大口灌下汽水，立刻形成一幅經典的吃零食畫面。不過，隱藏在這背後的觀念大概仍脫不了「只有擺在餐桌上的食物才是正餐」吧。更何況，假設這位任性的青少年大口嚼的是沙拉、穀物和水果，喝的是水，多半還是會遭到責罵。

吃零食承受的可說是來自社會和營養學的雙重抨擊，是對於它不遵守集體用餐習慣，又不尊重用餐時間的刑求。吃零食之所以受人指摘，乃是它被認為是一種脫離社會的行徑，部分原因在於吃零食經常是一個人單獨的行為 —— 儘管一群人看電視球賽轉播共食披薩，看起來也很符合社會要求的所謂正餐的標準 —— 其實最主要原因還是，它未能遵循社會的集體作息時間表。

一天中該在哪幾個特定時間點進食，其實只是歲月逐年累月的累積，以及迫於社會緊湊的節奏下所塑造出來的日常作息的一部分。既然規定了某段時間該工作，某段時間該上教堂，或去做公共服務，某段時間該休息，而後某段時間該去休閒娛樂……那當然也該有一段時間是用來吃飯的。就像現代社會區分了求學階段、工作階段還有退休階段一樣——這些階段並非法律強制規定下的產物，反而比較像是人生的各種不同年齡階段；在許多比較古老的社會體系裡，在人生各個階段的銜接點上，通常會舉行儀式，象徵過渡到下一階段。將各種不同的作息統一規範時限，能讓社會全體在時間上互相配合，讓大家在商店營業的時間裡去採買，讓大家了解各類活動場所的開放和打烊時間，使得大家能跟著亦步亦趨，日復一日的織就出人際關係網絡。所以，讓所有人心裡大致有個底，知道其他人會在什麼時間去吃飯，確有其必要性。

國家經濟統計院（Insee）會定期針對法國國民的日常作息進行調查，調查結果顯示，下午一點鐘，全法國有超過半數的人都在飯桌上（早餐的時間就沒有那麼集中了）。要說把專屬用餐的時段劃分出來塞進群體作息時程表裡，是因為其他活動也畫出特定時段的緣故，不如說是彼此互為因果的。比起以往任何時候，或其他的任何

地方，居住在都市化和工業化社會裡的人更早──可說從小嬰兒吸奶階段就開始了──得知用餐是有時間表的。小嬰兒一天從吃七餐（常用的說法應該是餵七次奶）到一天五次然後四次，長大成人之後，固定一日三餐。

這並不是在否定群體用餐時刻常具有的教會神聖色彩，事實上完全相反。在許多社會裡，有很多宗教儀式，或類似的宗教活動正是以神聖的餐會形式舉辦。天主教的彌撒就是典型的例子。推而廣之，平日的正餐，舉凡多人齊聚一堂的場合，很少能完全拋掉宗教的影子，當然也擺脫不掉相關的規範和禁令。西方人每日三餐中的早餐大概是最不受社會和宗教規範束縛的一餐了。這多半與它歷史不長，而且不太要求大家齊聚一堂的特性脫不了關係。

和其他兩頓不一樣

今日，在西方國家，儘管早餐的形式已經固定而且變成傳統了，它跟其他兩頓正餐相當不一樣。

午餐和晚餐有許多共通點：首先是安排好的上菜次序（前菜、主菜、甜點）。一道一道端上桌的上菜方式，是所謂的「俄羅斯式出菜法」，跟在「déjeuner」前多加「petit」

形成「petit déjeuner／早餐」的歷史差不多長，都相當近代：這種上菜模式在十九世紀才現蹤法國。相反的，絕大多數的早餐吃法都選用歷史比較久遠的「法式出菜法」，所有菜餚全部一起上桌，讓賓客自由選擇組合自己的餐點。全球過半的旅館經營者都很清楚，早晨的這一頓若以自助餐的方式安排，可以大大節省人力成本……。

　　早餐和其他兩餐的另一個明顯差異在於，它提供的菜色一般而言樣式較侷限。早晨，在西方國家的飯店，很少會出現出乎客人意料之外的食物：果汁（多半以柑桔類為主）、雞蛋（煎蛋、炒蛋或水煮蛋），茶、咖啡和熱可可、麵包糕點、果醬和奶油，穀片；意料之中的還有水果和幾樣冷熱醃製熟食（煎烤培根、小熱狗、火腿、義式臘腸）。就算是豪華的高級大酒店，早餐菜色也大致不出這個範圍。若想要看到其他菜色，就得往主要客源不是西方國家人民的飯店裡找了。因此，大多數的時候，早餐吃的東西每天都是差不多的。相反的，另外兩頓的花樣就多了。

　　在生理方面，沒什麼特別理由可說。經過一夜的水分流失（主要是流汗導致）後，讓身體獲得水分補給算是我們對早餐的唯一生理需求了。所以飲料，無論冷飲或

熱飲，都是早餐裡面相當重要的一環，而飲料在午餐和晚餐時就比較像是烘托的配角。這一點從餐具擺放的位置，和點菜的次序就可窺見一二。

早餐桌上，湯碗或杯子一般都擺在用餐者的正前方，中央的位置；換成其他兩頓，那個位置上擺的會是盤子，周邊才是玻璃杯。服務生問的第一個問題，在早上會是：「咖啡、茶還是熱可可？」相對的，午餐和晚餐的時候，總是讓客人先點主菜，然後才點酒或水。每一頓都可能碰得到的液體類食物是「soupe／湯」，清湯、濃湯或燉肉湯。早在「déjeuner」前加上「petit」變成早餐之前，湯就是早餐的要角了，但在晚餐字彙的演變上，「soupe」這個字卻面臨了完全不同的命運，如今只剩下離巴黎十萬八千里遠的地方還聽得見人們用「souper」這個字指稱晚餐。

然而，液態食物，以及由此衍生的半液態食物，好比加入牛奶的穀片，在早上對人體的重要性，並無法解釋早餐食物樣式何以如此簡單。那是因為早餐食物樣式的受限，並非出於人體生理的需求，而是來自社會：準備一天的第一頓餐點的時間必然比較急迫。從好久以前開始，負責準備早餐的人無論是僕人或是家庭主婦，都知道自己必須很早起床，但最讓人煩心的不是食物本身，

而是火。事實上，世界上仍有許多地區，早上吃的還是昨夜的剩菜。所以，在波里尼西亞，居民早上喝咖啡已經是相當普遍的習慣，但仍經常會拿昨夜吃剩的魚配著吃。無論是家庭或是營業場所，準備時間的侷限才是造成早餐和其他兩頓正餐菜色差異如此之大的關鍵因素。

日常作息的壓力，壓縮作息的相對急迫性，不是無來由的。

第四話

群體化作息下，個人化的一餐

「吃早餐了嗎？」

很多小孩甚至一些成年人經常會聽到這句話，質疑他們沒吃早餐空著肚子就要出門。這句話暗示著，每個人在急著外出完成家庭以外的工作使命前，先有吃早餐的義務：象徵了十九世紀的歐洲跟舊有秩序的完全切割，一切變得更加集體化、在地化，進而孕育出如今大家統稱為「工業革命」的巨大變革。

◢ 「petit déjeuner／早餐」之前

直到二十世紀初，歐洲還有相當多的農家仍然在早上稍晚的時候才吃一天當中真正的第一餐，雖然他們很早就先喝了咖啡（夏季時非常之早）。這頓「déjeuner」（當時在法國，大家還是這麼叫的，前面沒加「petit」）仍保留著古老的菜色，其中湯——尤其是煙燻豬肉湯——占有重要的位置。人們不可能沒吃飽就下田勞動，工匠也不會空腹入工坊。在田野一望無涯、住宅區又很集中的地方，人民很可能得從他們居住的農舍步行半小時才能到

達工作的地點，因此反倒是白天中間的那一餐吃得比較簡單清淡。瑞典文的「frukost」，按字面解釋就是「petit déjeuner／早餐」之意，其實在農家，就算今天也還有人這樣用，指的是清早喝過咖啡之後，接著約莫八、九點時──大夥「frukos-trast／晨間小憩（「rast」指短暫休息）──吃的那一頓飯。「frukos-trast」這個字，跟這樣的做法在今日的工業界和營建工地上仍然非常常見。

　　換上另一種不同的社會背景：傳統的英國仕紳家庭負責趨前為爵士或夫人拉開床簾，面無表情的宣布「今天早上天氣很好」的小廝或女僕──基本上這句話多為無意義的開場白──絕不會忘了在尊貴的主人床頭櫃邊擺上一杯茶。時至今日，早茶（morning tea）或床前茶（bed tea）的習慣仍可見於過去的英國殖民地，尤其是在印度，好讓飽受時差之苦卻被朝陽熱力喚醒的觀光客──熱帶地區的太陽起得非常早──能享用一杯加了牛奶和香料的熱茶。這似乎可追溯回十八世紀的茶飲習慣，可以視為早餐的開胃飲，因為真正豐盛的早餐得等到早上十點左右才會奉上，屆時端上來的可不僅限於米粥和雞蛋，還會提供大量的鯡魚和熱狗。

　　有些地方的早餐是分段吃的，例如義大利。跟許多和一日三餐基本作息有些格格不入的古老飲食習慣一樣，

這種分段吃的早餐在統一作息的過程中，出現了諸多的不適應症，這個作息統一的過程可以連結工業革命的漫長時程。一日三餐的劇本，很不幸的，除了在糧食歉收或鬧饑荒的區域外，充其量只是一份充滿漏洞、便宜行事的草稿：所以才會有晨間點心、午間小點、隨時隨地均可來上一份的簡餐、五點下午茶、四點午後點心時刻、餐前開胃小點、消夜……以及其他各種混搭組合：晚餐茶（long tea）、早午餐（brunch）、自助餐、輕食點心，別忘了還有午晚餐（slunch）呢（是晚餐「supper」和午餐「lunch」的組合字，指的是「週日傍晚時吃的一餐」）。

任何偷來的一時半刻閒暇都可以啃點東西；事實上，這樣的點心時間在今日是以倍數在成長。偶一為之的偷閒特質正是它們魅力之所在，也深切的點出了十九世紀都市化和工業化的西方國家，一日三餐作息統一的完整意涵。用餐時間是很重要，但不敵工廠、辦公室、商業和服務業、學校等等……統一規劃的工作時間，所有強制性的時間規劃都是為了讓群體和個人的生產效益能交乘成長，進而提升生產力。

鬧鐘敲響早餐時刻

　　歐洲人在十四世紀發明了機械式座鐘之後，日出而作、日落而息的人類生活史隨之告終。第一個鐘擺式座鐘出現在1657年，之後1675年發明的螺旋彈簧更催生了個人攜帶式鐘表——兩大技術革新的關鍵工匠非惠更斯家族（Huygens）莫屬——一個完全社會化，不必然與大自然的時間推移自動產生連結的作息表，強勢登場。到了十八世紀，擁有一座在當時象徵著創新技術的座鐘，與其說是財富的表徵，不如說是生活上的必需。進入工業化社會後，一切全都變了：慢慢的，人與人之間的活動變得必須同步進行，一個人要想融入群體，就得知道現在幾點鐘。

　　工廠跟以往僅僅是把自主性極強的工匠們聚在一起工作的工坊很不一樣，它是以工序串連的方式運作，而這零碎分割的工序，經過百年演變之後，成為各個生產線。公部門的設立提供了服務，但服務時間與工時重疊，同樣讓人困擾。而學期上課時間的標準化，使得年輕學子也得跟著被納入重疊的時刻表。鐘於是成為不可或缺的必需品。各地鄉鎮盡可能的廣設指針鐘面，或嵌於鐘樓，於是教堂的鐘聲不再只是純粹的召喚聲響而已，而

是新增了俗世的提點作用，或嵌於新建公家機關高高的門簷上、市政廳、學校、醫院……攜帶式的錶逐漸普及，人手一支。錶變成莊嚴的聖禮上最熱門的餽贈之物，象徵著收禮者邁入（大體而言）成年階段。

工業革命的重鎮，倫敦，在1840年到1852年間建造了當時全世界最大的鐘：大笨鐘；它肯定仍然是全世界最知名的鐘，人們更以它來替高聳的鐘塔命名。它成了英國的時間中心，在當時，即等於是世界的時間中心。1834年，舊國會大廈慘遭祝融。查爾斯‧巴禮（Charles Barry，1795-1860，英國著名建築師，代表作為英國國會大廈）的新哥德建築式設計獲得青睞，原因不僅是因為他摒棄了一般咸認為太偏法蘭西風格的古典建築設計，同時也是因為他設計的哥德式鐘塔能夠嵌入一個巨型鐘面。1859年5月31日大笨鐘的鐘聲首度敲響。當時英國掌控了全球經濟；自此大笨鐘的鐘聲與西敏寺的報時旋律相互應和。

人類的日常生活作息逐漸與日升日落脫鉤（今日脫鉤的速度更形劇烈），同時也與宗教的作息背道而馳。以往，鐘樓的鐘聲是在召喚上帝的子民祈禱，所謂的三鐘經（Angelus），早、午、晚各一次，由是標示出了用餐的時刻，分別是第一次頌禱之前，和最後一次頌禱之後，

確切的時間當然也因日出日落的時辰而有所變動。十九世紀，先是在歐洲的城市地區，然後慢慢普及各地，上班的起迄時間，和用餐的休息時間開始建立在一個比較屬於人為制定，且近乎俗世的時間表上。套用歷史學家傑克・勒高夫（Jacques le Goff）著名文章的篇名，商賈時間大勝教堂時間[1]。

時間表的統一也歷經了一段空間的演變。聯繫溝通方面的巨大進步是工業革命的一大重要面向。然而相隔遙遠兩地的兩造，若想快速取得聯繫，必得熟知對方當前的確切時間。針對統一地理時區的需求，電報業率先開出第一槍，但鐵路運輸讓大家確切的體認到這需求迫在眉睫。時間若無法精確同步，可能引發意外事故。歐洲各國於是統一調整了境內時鐘上的指針：於是史特拉斯堡（Strasbourg）和布雷斯特（Brest）這兩個時差相距半小時的城市，居民能在同一個時間吃早餐了。1884年全球時間終於統一標準化。華盛頓會議——這裡說的當然是位在倫敦附近的華盛頓鎮——選定了通過格林威治天文台的經線為全球唯一本初子午線。全球統一的標準時間，亦即格林威治標準時間（GMT）於焉誕生：全球的時鐘終於統一步調了。

此時，一樣新事物大大的凸顯了精確時間的確立，

對每個人的日常生活確實造成影響：鬧鐘，工業革命的象徵產物。鬧鐘的發明有個精采的小故事，當年美國麻州有位年輕的鐘表學徒，列維·哈金斯（Levi Hutchins），每天早上都爬不起床的他，製造了專門為個人所用的第一座鬧鐘。不過，第一個對可調整時間的機械鬧鐘提出專利申請的人卻是位法國人，安東·黑狄耶（Antoine Redier），在1847年提出申請。也許不是每個人都認為他的發明造福了人群……十九世紀末，擁有鬧鐘的人數已達數百萬人。美國公司安索尼亞（Ansonia）給了它長期以來深植人心的經典造型，圓形大表面，兩邊各伸出一只響鈴，中央一只小吊環；此一造型隨即遭法國公司捷皮（Japy）和巴亞（Bayard）模仿採用。

　　早餐時刻於是鈴鈴響起……。

不合群的早餐

　　在都市化和工業化的歐洲，家裡每名成員起床的時間不一定跟以前到農場或手工藝品市集工作那般的同步，那般的跟隨太陽的起落，原因無它，只因為這樣的工作需要太陽照明。晚餐跟早餐不一樣之處——晚餐比中餐更早就彰顯了這一點——在於早餐在群體必須齊聚

用餐這一點上非常寬容。早上這一頓總是個人依自己的
時程表、時間不一,喝自己的咖啡或茶,吃自己的果醬
麵包。儘管家庭齊聚吃早餐的概念並沒有完全被摒除,
尤其是在週末和節慶的時候,但平常日子,家庭成員順
應各自行程的壓力,在理性運用時間的思考邏輯下,多
半選擇各自吃,而非等家人到齊再一同享用。

更不用說,又有另一個晨間可能出現的問題慢慢浮
現了,確實出現得很緩慢,但確確實實的存在著:每日
的盥洗。

現代化的淋浴概念於 1872 年萌芽,這得歸功於法蘭索
瓦・梅利・德拉波斯特醫生(François Merry Delabost),他
時任盧昂的邦一努威監獄主治醫生。他把囚犯洗澡的盆
浴方式改為用個人化的噴水柱來沖洗,原本單純的只是
想在維持囚犯清潔衛生的同時,也能節省用水並縮短洗
澡時間。這套洗浴系統後來被導入軍營和宿舍,然後走
進公共浴場,演化為當時人稱的「沖洗浴」;1899 年,首
座公共沖洗浴場在巴黎開幕。慢慢的到了二十世紀,淋
浴設備才出現在家庭的浴室裡。浴室也是工業革命催生
的一大發明,第一間有跡可考的浴室出現在 1765 年,但
一直到二次大戰後 1945 年至 1975 年這黃金三十年間,安
裝浴室的家庭仍相當罕見。然而衛生方面的迫切考量驅

使愈來愈多的人必須在晨間沐浴。合理推測在狹窄的城市寓所，一家子逐一淋浴勢必得經過一番安排，因而齊聚一堂共進早餐也就更困難了。

家庭聚餐有齊聚共食的嚴格規範，一同上桌吃飯，更教導小輩一定要把飯「吃光光」之後才能下桌。相對的，在作息時間愈來愈緊湊的壓力下——兩個世紀以來，至今仍是如此——一天的第一頓飯，想要全家同桌共食真的很難。

第五話

與法式美食悖道而行

　　菜式盡可能的由繁趨簡，符合料理速度快、少人共食且用餐時間注定不斷縮短的原則，農產品工業化的腳步於焉展開……兩百年來的發展，這一切的一切似乎都在推促著把早餐變成一匹食品標準化、全球化且極盡可能地背離美食文化標竿的特洛伊木馬。兩段史話──一是在2010年獲聯合國教科文組織認證為非物質人類文化遺產的法式美食料理史，二是早餐變「petit／小」的演變史──兩者相互交疊穿插，脈絡複雜，遠非單純的準備時間充裕與否就能解釋得清。

美食誕生，平行發展

　　說到飲食的歷史，當中最重要的區塊就數美食了，這方面的書籍可說是汗牛充棟。然而，在這類文獻記載中，早餐顯然比落魄親戚更不如，它可說是這個文學領域的不可說，會讓人顏面無光故而嚴禁提及的親戚。理由總是草草迅速帶過：說什麼十八世紀以前，早餐是平凡無奇的一餐，跟其他兩頓沒什麼兩樣，而自全球開放市場和工

業興起之後，早餐單純的變成了一段用餐時刻，與品嘗美食的喜悅和文化傳統完全是兩碼事。所以一日三餐中值得關注的是午餐，介紹更多的是晚餐。

十七世紀末以前，特別是在法國境內，一些前所未見的東西似乎開始確立了，總之，關於料理的歷史文獻是這麼說的。起源是凡爾賽宮路易十四的餐桌。為了符合王室用餐派頭而設下的餐桌禮儀等規範，逼得廚師必須不斷的革新做法。法國宮廷的做法繼而在全歐起了示範作用，十八世紀一路沿用，更普及至其他王室宗族、貴族和大資產家的餐桌。該世紀末，這些私人專襲的做法，因為餐廳和咖啡廳的開立——它們可說是十九世紀主要的社交場合——而逐漸轉向商業用途，歐洲飲食範例進一步擴及全世界。所以這段期間，美食的歷史跟早餐的歷史發展是同步前進的。

為了炫耀權力和財富，發想創新多樣菜餚，公開宣示選用昂貴食材（如此可以讓客人慕名遠道而來），加上絢麗的擺盤和莊重的上菜儀式，營造出所謂的「法式美食饗宴」，在當時已然赫赫有名。為此，廚師要面對非常嚴峻的挑戰，十七世紀末是技術創新的輝煌時期，創造了許多如今已是居家必備的器具，雖然這些器具在今日看來已經毫無值得紀念的價值。比如說平底湯鍋和火

爐。過去，廚房的心臟是壁爐；此時重心開始轉移到木炭爐，平底湯鍋因而興起（特殊的鍋身逐漸定型，款式也變多了），比起掛在壁爐口的圓底大釜湯鍋，更利於調製精緻餐飲。

從遠古時代至今，食物加熱的來源始終沒有任何革新。烹調一律使用明火，最常見的就是牆上的壁爐，有的也設在廚房正中央。火源上頭放上可攜式爐台，非常便於長時間燉煮食物，也有利食物的保溫。烤肉叉、烤架和大釜湯鍋就是當時廚房的必備基本用具，或許還可以看到各種不在火爐上使用的研缽。這些基本配備在很大一部分的歐洲鄉村地方，還有世界的其他角落，一直沿用到十九世紀。

至於廚房這個地方，在豪宅名邸裡，已不再是烹飪菜餚的唯一場所了。這趨勢始於十四世紀，最早見於引進東方甜品料理的歐洲國家：義大利。緊鄰用餐的廳室旁——無論是大型宴會廳或是比較隱密的包廂——設有一個小隔間，廚師在這裡準備一燒好就得立刻上桌的菜餚。由所謂的配膳師（officier）負責製作甜品，他們就是糕點師傅的前身，這個空間一般多是廚房和餐廳之間的中介站，小廚師的名銜也給了這處新空間類似的名字：配膳室（office）。裡面只要一個小型壁爐足矣，供少

許需要大火烹調的點心提供火源，例如酒精焰燒類或奶油醬汁燉煮類。我們現在常見的平底鍋和平底湯鍋就是在這裡發明的。

另一種固定式的裝潢也現蹤了，表面多為磁磚貼皮的流理台，上面挖有洞口，稱為「湯灶」，除了堆柴燒火之外，也可以充當文火慢燉的爐口，湯灶名字的由來就是因為它能讓湯在上頭保溫。熟悉改編自尚法蘭索瓦‧派洛（Jean-François Parot，1946–2018，法國外交官，偵探小說作家）寫的尼古拉‧勒佛洛克警長辦案電視劇[1]的忠實觀眾，一聽到凱瑟琳‧高絲，這位悅庭館的廚娘，為了辛苦辦案的男主角，一直在湯灶上溫著的可口小菜肯定猛流口水。這幅十八世紀巴黎有錢人家廚房的場景打造得非常符合史實。十九世紀起，配膳室和大廚房的湯灶便開始漸漸的在大城市裡銷聲匿跡了，主要是因為鑄鐵技術的改良，開發了新一代「爐台」的模具，爐台開始工業化大量生產。儘管如此，鄉下地方的農舍，尤其是在普羅旺斯一帶，仍持續使用湯灶好一段時間。無論如何，這段時間，湯灶一直都是準備熱可可、熱茶和熱咖啡這些晨間飲品的重要設備，因為這些飲品一泡好就得迅速而且是要熱騰騰的端上桌……。

有利新型態早餐誕生的背景

創新的法式高檔料理迅速風行全歐洲的上流社會，同時也慢慢的把觸角伸入全歐各大城市的民間百姓。少了這些創新做法，這種由為數可觀且內容多樣的菜餚——若能力足夠的話，甚至極盡奢華到讓人歎為觀止——所組成的饗宴不可能出現。這是一種炫耀的料理。不過，在上菜前最後畫龍點睛的一筆，常使得菜餚出了廚房到上桌前的這段中間過程變得更棘手，例如得冒著熊熊火焰端上桌的焰燒料理。簡單來說，就是上菜的過程必須受到嚴格的監控，這解釋了何以需要新增配膳室這樣的空間。的確，這樣的內外場分界今日依舊明顯：廚房內場團隊和外場是涇渭分明的兩個世界，兩邊專業的合作無間才能造就一間好餐廳。在客人面前進行的最後工作（熊熊火焰中、平穩無誤的送上桌），跟協助分切肉品就是連結這兩個世界的樞紐。

少了這樣的背景認識，很難理解十八世紀初早餐何以還猶抱琵琶半遮面，無法大方現身。若某些貴族起床後，想喝一杯洋溢異國風情的熱飲，想當然耳必定是極盡炫耀之能事，選用的一定是當時仍然非常昂貴的食材——可可、茶、咖啡、糖——因為這些都要自遠方進口，當然都

是經濟能力充裕的社會階層才能享有。

　新出現的這一餐，最基本的要求就是要能即刻上桌。只要主人或夫人出聲叫喚，熱騰騰的飲品必須在幾分鐘內送達。在當時，調勻熱可可並不是件簡單的事（由此發明了專用的可可攪拌器），因而熱可可才有著我們現代人常說的「即時趕上」的意味。而後也開始有人學習品茶和咖啡。因當時環境的特殊性，使得這些飲品無法在大廚房裡由廚師來完成，廚房距離太遠了[2]，這個任務反而落在隨侍主人身旁的僕役、女僕、貼身使喚的小廝丫頭或管家的頭上。是不是啊，黛絲賓娜？在莫札特的歌劇《女人皆如此》裡的這位女僕角色，就是她負責為女主人準備熱可可，她自己也許會趁機偷喝上幾口也不一定？

　除了飲品之外，早餐的許多食物也有必須快速烹調的特性：雞蛋、鮮榨果汁、烤麵包……因為臥房，尤其是女士的臥房，也是她接待閨蜜（閨蜜人數可能相當多）的小客廳，多半就是在床和隔間牆之間的空間（亦稱「巷弄」〔ruelles〕），於是在晨間提供點心的任務，就落在緊鄰的配膳室身上。臥房的裡間──原本的功用多半與今日所謂的更衣室（dressing）相當──因此出現了一些功能上的變化：後來變成女僕存放熱飲調製器具和材料的地方，甚至開始在這裡做一些可以快速烹調完成的菜，或

在此保持菜餚的溫熱。

當午餐——晚餐尤甚——的烹調準備工序走向繁複已成為主流的同時，早餐卻另闢蹊徑，逐漸走向標準化；這樣的發展其實並不矛盾。而為了午餐和晚餐的逐漸精緻化所衍生的必要炊具的創新和廚藝專業知識，同時也讓早餐得以更快速的準備完成。

餐桌上的資產階級革命

法式高檔美食的歷史，跟早餐的歷史之所以會產生交集，純屬偶然。十八世紀邁向十九世紀的這段期間，高檔美食歷經了第二個重要階段：貴族沒落，高級料理淪落中產階級家庭。一般咸認為法國大革命是最關鍵的轉捩點。沒錯，但大革命只是加速了已經步上軌道的演變進程罷了。當時豪宅官邸停止了所有活動（當然包括裡頭舉辦的宴席），這個情況少說也持續了相當一段時間，皇室王族的廚房炊火熄滅，為數眾多的國寶級大廚面臨失業。這多少有助於誕生於法國的料理新行業傳遍全歐洲、俄國宮廷，甚至遠及土耳其。最重要的是，原本屬於私人獨享的專業廚藝變成了全民共享，因為這群失業的御廚後來多半變成了餐廳主廚。

事實上，早在路易十五的時代就已經有餐廳開業了。它的起源流傳著兩種不同的說法，但過程卻是相同的：都是要讓所有人——只要那人口袋夠深——都能品嚐到創新的高級料理。第一則小故事的主角是位麵包師傅，據說名字叫鳥鳴（Chantoiseau），他率先於1765年在巴黎的巴埃勒街（Bailleul）上開了一間「湯品舖」，提供一系列預先定好價格的菜餚。由於供應的菜餚品項多樣，加上他還發明了菜單來介紹宣傳菜餚，使得這間店與傳統的小旅店和酒館很不一樣。他在店門上寫了「Venite ad me, omnes qui stomacho laboratis et ego restaurabo vos」的字樣（字面直譯，就是拉丁文給料理下的定義），說明該店是讓飢餓的人入內「用餐恢復」（restaurer）元氣的地方，當時人們因此稱他為「供餐業者」（restaurateur）。故事很有意思，但1777年出版的《王儲美食年鑑》（L' Almanach du Dauphin）把餐飲業創始人的殊榮給了赫茲和龐達葉兩位先生（Messieurs Roze et Pontaillé），1766年他們租下聖奧諾雷路上的艾里格大宅的一部分，開了他們的第一家餐廳。

無所謂啦，反正這個現象與貴族飲食文化流入民間，成為比較尋常、比較偶一為之的消費趨勢相吻合。法國大革命時，王公貴族的私人大廚流落民間，只是加速強化了這個現象，不只在餐飲領域而已，在其他範疇也一

樣，領導階層被資產階級取代了。

　　高級料理從私人專屬過渡到公眾共享階段之後，在整個十九世紀裡，仍持續精進，因此餐廳並沒有失去資產階級料理殿堂的地位。這些號稱「十九世紀饕客」——套用尚保羅・阿隆（Jean-Paul Aron，1925-1988，法國作家、記者）那本絕妙好書的書名[3]——的一群，對美食的多樣性和精緻性的追求只有不斷的增長。毋須贅言，這個時候的早餐當然沒有任何地位。然而，阿隆也強調，經常拖到午夜才結束的晚宴，對這群並非閒閒在家就能坐收領地租金的資產階級來說，如何能在第二天一大早重振活力，是一大考驗。

　　路易十四宮廷皇室料理的平民化，更凸顯了都市化帶來的限制。愈來愈多人手邊閒錢相對的多了，因而普遍提高了外食的機率之外，餐廳和飯店如雨後春筍般設立，也在在催促著餐飲業開始建置某些規範。交通運輸的發達帶動觀光業蓬勃發展，新的飲食習慣趁勢朝四面八方散播，尤以原產於熱帶的飲品為基礎的早餐為首。城市的新型住宅大樓配置了嶄新的、樓層連通的通風系統，平底鍋和金屬爐台於是得以入駐家戶，換言之，無壁爐的廚房出現了。新的飲食習慣，喝咖啡、茶和熱可可，因此也鑽進了城市裡那些經濟不算寬裕的家庭，都

市跟鄉村地區的廚房差異更形擴大。

　　就是在這樣的歷史背景下，高檔美食的上菜方式從法式出菜序，逐漸過渡到俄式出菜序，因為一般餐廳或普通民家要同時準備好所有的菜有一定的困難度，這是重要的因素之一，不過這番轉變是從最高級的美食料理界開始的。美食評論大約在十九世紀初出現，美食評論的權威人士，最知名的例子就是先前介紹過的葛力莫・德・拉黑尼葉，他非常強調菜餚必須在它最佳賞味的狀態下被端到饕客面前，於是菜餚必須一道一道的先後上桌，也就是俄羅斯式的出菜序。

　　「俄式出菜序」一詞的起源，跟某位人士有莫大關係：他就是亞歷山大・庫拉金（Alexandre Kourakine）。從1808年起直到俄法戰爭爆發為止，他一直是俄國駐法大使，後來還代表俄國簽訂了提爾西特條約[4]，之後在1812年再度回鍋。庫拉金（托爾斯泰《戰爭與和平》裡那位庫拉金納〔Kouraguine〕的原形）是位極有教養的年長貴族，在他被凱瑟琳大帝流放到自己的領地薩拉托夫州（Saratov，位於烏克蘭與哈薩克之間）的十四年時間裡，對美食藝術極其熱中考究。他認為菜一定要熱熱的端上桌，這項偏好在巴黎引起大眾跟風，讓法國人重新檢視把所有菜同時端上桌的傳統做法。庫拉金可以被視

為一生堅持理念的美食殉道者，因為他晚年飽受痛風的折磨，最終因美食喪命。

1800年到1820年間，上菜的順序開始慢慢標準化，塑造了今日廣為國際接受的組合：前菜／主菜／甜點；1960年以前，正式宴會上的菜單可能更多樣：湯、小菜、開胃菜、前菜、魚類料理、禽類料理、白肉料理、牛羊燒烤、沙拉、起司、甜點、咖啡搭配小巧點心，中間還會穿插幾道甜品。相對的，早餐頂多就是逐一送上雞蛋、果醬麵包和奶製品，而且經常是同時間一起端上桌，也就是法式出菜序。

新型早餐——亦即「petit déjeuner」——的竄起，跟十八到二十世紀兩百年間出現的飲食巨大變革緊密相連，而法國正是急先鋒。這樣的變革大體呼應了工業革命帶來的作息限制。早餐因此可以，在某種程度上，被看作是相對於資產階級高級餐飲的另一面，揚棄了其多樣性和精緻性；它是一種清淡卻充滿活力的飲食，可以舒緩其他兩頓帶來的負擔。但是，若不是有了這些必要的技術變革，包含料理手藝在內，早餐絕不可能出現。

▶▶　第六話

早餐變小[1]，世界變大……

　　今日，茶、咖啡、可可三選一的問句聽在耳裡是如此的熟悉，以至於這些飲品好像是理所當然的早餐必備。然而這三種農產品能這樣擺在一塊兒，可不是那麼自然而然順理成章的。它們唯一的共同點——其實也是關鍵所在——在於這三種植物都是熱帶植物，溫帶地區無法種植。

世界三大區塊

　　早餐地圖就是一張世界地圖。三種植物，每一種的原產地都離另外兩種非常之遠，各據世界一隅，或有另一種笨說法「分據各大陸」[2]。可可樹，學名 *Theobroma cacao*，生長在美洲大陸；茶樹，學名 *Camellia sinensis*，是生長在亞洲大陸的矮樹叢；而學名 *Coffea* 的咖啡樹呢，則長於非洲大陸。它們現今產區的地理分布，見證了歐洲人帶領下的全球化腳步，帶來了什麼樣驚人的產地挪移現象。現在，可可亞的主要產區在西非，光是象牙海岸一個國家就囊括了全球三分之一的產量。咖啡，最早生長在非洲，如

今產區大都分布在美洲，巴西的產量全球第一。只有茶樹的種植大體保留在原生地區，中國和印度兩國的產出就超過全球一半的產量，不過肯亞開始追趕，緊跟在後。

跟所有木本植物一樣，它們的壽命可達數十年，甚至百年之久，所以栽種後得經過好幾季的時間才能有所產出。而且這三種植物沒有任何一種能夠耐得住稍微寒冷的冬季，所以必須在熱帶或亞熱帶地區種植。十五、十六世紀的大航海時期，亦即所謂的「大發現時期」，歐洲人從海外帶回來的農作物，並非全都是這樣的木本植物。好比說，學名 *Nicotiana tabacum* 的菸草就是一年生的草本植物：雖然它不喜歡低於攝氏十五度的溫度，但因為它的生命期夠短，因此能夠在歐洲種植。還有學名 *Solanum lycopersicum* 的番茄，它跟菸草一樣原生於墨西哥，同屬草本植物，但它依舊攻陷了地中海盆地，甚至往外擴展版圖。所以歐洲人想要喝咖啡、茶和可可，就得往外地發展種植，甚至得遠赴海外，如此一來又牽涉了長途運輸。因此，即便到了現在，它們依舊不能算是便宜的基本農產必需品。

顯然一定是出於某些動力，才刺激人們想把它們賣進歐洲，甚至為此加碼投資海運和上游的種植。咖啡豆、可可粉和茶葉，儘管採收後立即加工處理了，它們相較

於其他來自殖民地區的原物料（這裡指的當然是貴重金屬），還是相當容易腐敗。除了它們之外，精煉的糖和傳統的香料也面臨同樣的問題。這些農作物的貿易因而連帶著需要設立一條加工產線。與熱帶水果相較，好比香蕉或鳳梨，它們的加工處理步驟確實比較容易，所以這些熱帶水果很晚才被端上歐洲人的餐桌（直到十九世紀末），儘管如此，加工生產的投資門檻也相當高，因此只有大型企業、船東和特定倉儲的業主，以及訓練有素的專業人員才有辦法投入。就算到了現在，情況依舊沒有改變。

三大「興奮癮品」

事實上，早在十四世紀，來自歐洲的地理探勘員和植物學家就已經知道咖啡、可可和茶了，只是一直要等到十七世紀末，它們的消費才成為一種商業行為。也許可可要早一點，西班牙遷移到美洲的移民很快就喜歡上了這種飲品。

歐洲有關咖啡的描述，首見於一位德國醫生，里昂哈德・羅沃夫（Leonhard Rauwolf，1535-1596，德國醫生、植物學家、旅行冒險家）。他於1573年到1576年間遊歷

鄂圖曼帝國，回來之後著作分享所見所聞。他提及「一種跟墨水一樣黑的飲料」，並且讚不絕口。然而一直到了十七世紀，威尼斯和馬賽商人才到埃及採購，並開始在歐洲地區販賣咖啡。1720年，專門販售一種飲品的專賣店開張了，並因此款飲料而得名咖啡館（caffè），該店至今仍營業中：威尼斯聖馬可廣場的花神咖啡館（Caffè Florian）。1606年，一艘荷蘭船從爪哇回航，帶回了第一批茶葉。荷蘭人拿他們一直想出口的鼠尾草跟中國人交換，換回了幾箱他們完全陌生的茶。結果與他們的期望剛好相反：反而是茶攻占了歐洲。但這樣的成果可是花了幾十年的功夫累積而成的。早晨喝茶的開路先鋒一般咸推英國女王瑪麗二世，自1689年的光榮革命之後，她便掌管英國朝政，直到1694年駕崩為止。於是十八世紀初期，茶成了英國人的新寵。

這些新的晨間飲品不僅僅是取代了其他的液體食物而已，特別是湯，更重要的是它們具有提神的功效，能夠讓人的頭腦清醒。咖啡因（Caféine），一如其名是咖啡豆裡含的天然成分，在茶葉裡也有，只是名稱變了，變成了茶因（théine），其實都是同屬甲基黃嘌呤家族的生物鹼，有刺激神經的作用。馬黛茶（maté）、瓜拿納豆（Guarana）、可樂果（noix de cola）[3]和可可豆裡也都驗得

到，只是可可豆裡的含量比較少。咖啡因是心血管和中樞神經系統的興奮劑，亦有輕微的利尿效果。直到1819年，咖啡因這個物質的存在才獲得科學證實。在歌德的鼓勵下，德國化學家弗里德里希‧費迪南‧龍格（Friedlieb Ferdinand Runge）提煉出這個物質，並命名為咖啡因。不過，早在咖啡因被發現之前，咖啡提神的特性已人人皆知，它一直都是全世界用量最大的精神振奮劑。

因此咖啡和茶——可可的興奮功效較低些——可以說是（非常微量的）一種亢奮藥劑，而且還是合法的呢，是能讓人提神並保持清醒的最佳良藥。所以它們很快的就攻占了人們一天當中的第一頓餐，人們甚至一起床，早在攝取任何固體食物之前，就先喝咖啡或茶，它們是人們一天中喝下的第一杯飲料。這其實一點都不奇怪。十八世紀初，荷蘭、巴黎和倫敦的上流貴族就已經流行一起床先來杯這些飲料了，他們是當時唯一能負擔得起的社會階級。而後這些飲品在商業利益的帶動下逐漸普及，使得其價格在這個世紀迅速下跌。結果，一般的城市居民也開始負擔得起，至少有能力偶爾喝喝；十八世紀中葉，喝這些飲料的消費行為慢慢的從倫敦、阿姆斯特丹和巴黎擴展到西歐其他地方。

這些飲料的提神功效，很快的為它們贏得了近似威

而剛的名聲。時至今日，可樂果依舊保有這個可以壯陽的聲名。當然，用人們對壯陽春藥的遐想來營造並維繫市場的樂觀發展，這樣的策略自十五世紀以來非常常見，舉凡引進歐洲的新鮮植物多少都擁有過這樣的名聲，只是時間長短不一罷了。朝鮮薊、蘆筍就是最好的例子。食用薊，也就是朝鮮薊，在十四世紀被端上王族的餐桌時，尤以其內含咖啡單寧酸具有抗氧化的效果而知名，儘管朝鮮薊的咖啡酸含量跟其他眾多植物一樣極其微小，它仍和咖啡一樣，在當時享有興奮提神的美名。羅馬人很早就相當偏愛地中海地區原生的蘆筍，但得要到十八世紀時，蘆筍才在歐洲蔚為風潮。其實蘆筍稱得上藥效的特性只有利尿一項，然而有好長一段時間，壯陽春藥的頭銜穩穩的安在它身上。第一位為它做廣告的名人就是老普林尼（23-79 A. D.）[4]；《一千零一夜》也賦予它同樣的名銜，而龐巴度夫人（1721-1764，法王路易十五的情婦，著名的交際花）就是它的擁護者。蘆筍本身的形狀或許也容易引人遐想；十八世紀時，還有人叫它「愛的尖頭」（pointe d'amour）。

所以這些確實具有提神效果的飲品會被冠上壯陽的名號，也就不稀奇了。前面提過的《女人皆如此》歌劇裡有一場熱可可的戲碼，就暗示了女僕為了讓年輕女孩更

快回應她們變裝情人的追求，慣常做法就是給她們喝可可。可可在伊比利地區的快速流行，西班牙宗教法庭卻堅持認定喝熱可可是不正經的行為，原因就在於此。這三種飲品橫行在外的壯陽名聲，雖然說法謬多於理，但並沒有減少人們清早喝下它們的量。

純歐式風味

兩百五十年前，歐洲人習慣在早上喝的飲品其實嚴格來說已經稱不上是異國飲料了。的確，它們的基礎原料，例如可可豆、咖啡豆和茶葉，都來自熱帶地區。但是具體的說，杯子裡裝的東西已不是單純的用熱水沖泡基礎原料後濾出的汁而已了。有兩種添加物必須加入考量：牛奶和糖。加了牛奶和糖之後調和出來的飲料就完全是歐式風味了，跟中國人喝的茶、墨西哥印第安人喝的可可，鮮少有相似之處。至於咖啡，相較之下，或許跟土耳其人和阿拉伯人喝的咖啡比較接近，但仍有顯著的不同。

因為還不懂得如何長期保存，無法遠距離運送，牛奶一直到十九世紀末期仍只能在產地取得，算是本地食材。相反的，糖到了十九世紀初才面臨了甜菜糖的崛起

競爭，在此之前一直都是從甘蔗提煉的蔗糖擅場。甘蔗只能生長在熱帶和亞熱帶地區，所以糖是從遠方進口的產品。從十五到十八世紀，糖是最典型的熱帶產品，透過三角貿易進入歐洲。糖的加入大大的凸顯了早餐的全球化特質。何況，除了這三種熱飲需要加糖之外，早餐的餐桌上很快的又出現了果醬的位置。

事實上，在晨間攝取糖的做法早在十四世紀就有了。比起在中古世紀，那時候想在歐洲取得糖相對容易得多，也就是在那個時候，歐洲人開始征服統治適合種植甘蔗的地方——特別是馬德拉島（位於非洲西海岸，北大西洋的葡屬群島）、亞速群島（位於北大西洋中央，是葡萄牙的領土）以及加納利島（西班牙屬地）——糖不再是專用於配藥的罕見香料，它搖身一變，成為有錢人家的美饌。加了糖的熱牛奶成為王室最愛的晨間飲品，只是還算不上常態性的飲食。但這樣的飲食行為已經為這些新興飲料的崛起開啟了大門。糖的功效在於，提供了有機體能立即吸收的熱量，這功效如今已廣泛運用在運動員身上。糖和具提神功用的熱帶飲料兩者結合產生的功效，早在十八世紀人們已經有所了解，因而糖成為一日之計在於晨的早餐中最理想的基本食材。

從年代的角度來看，歐洲人最先改造的是熱可可。

以可可豆為原料調製的可可飲料最早出現在中美洲，起碼在奧爾梅克文明時期（美洲最古老的文明之一，約存在西元前1200-400年間，現今的墨西哥中南部），也就是西元前一千年前就有了。那個時候的可可不可能是甜的，因為甘蔗原產於東南亞，一直到哥倫布揚帆展開第二次航行之前，甘蔗一直沒有離開過這片舊大陸。當地印第安人調製可可的方式是將可可豆搗碎後加水，並添加其他配料，特別是中美洲盛產的辣椒。其他常見的添加物還有：紅木籽，可以讓飲料變成鮮豔的紅色。時至今日，紅木依然是口紅的基礎原料，在食品業也很常見，用來把一些起司的外皮染成紅色（米摩雷特起司〔mimolette，原產法國的硬質起司，色澤呈南瓜般的橘紅色〕、阿維斯尼斯起司〔boulette d'Avesnes，產於法國北部同名地區，形似柚子〕、切達起司〔Cheddar〕……），也用於黑線鱈（haddock，英式炸魚薯條中常用的魚）和夏慕尼—歐紅吉（Chamonix-Orange）夾心派等食品。用這種方法調製的可可飲品，最後多經過封存發酵，成為酒精飲料。沒有人會認為這個美洲印第安人的可可飲料——當時應該也沒有限定一定要在早上喝，而且很可能和某種宗教儀式有關——在風味上，和我們喝的熱可可有任何關聯。

的確，事實如貝納狄諾・德・薩哈貢（Bernardino de

Sahagún，1500-1590）所言[5]，歐洲征服者對原始可可飲料的初體驗根本激不起他們的任何興趣。直到十四世紀中葉，在安地列斯群島的西班牙殖民者才想到把可可跟當地的另一樣農產品──糖──放在一起。他們剔除了辣椒，相反的卻在有辦法取得的時候，加入他們比較喜愛的另一種香料：原產自斯里蘭卡的肉桂。這樣調和出的新飲料立刻廣受安地列斯群島西班牙後裔的歡迎，並在該世紀末遠渡大西洋傳回西班牙本土，自此留在歐洲。因此，歐洲人的味蕾只嘗過這種旋即被稱為巧克力的可可加糖的組合。

不過，在咖啡裡加糖就不是歐洲人的發明了。是阿拉伯人和土耳其人教義大利人如何煮咖啡並品嘗咖啡的。也是他們，在十字軍東征之時，讓東征軍和首批到此的義大利商人了解如何運用甘蔗，當時甘蔗已經從印度經由伊朗進入歐洲。所以咖啡的苦和蔗糖的甜，兩相的結合早就存在，咖啡豆烘焙的工序也是早就有了。歐洲人只是改良了沖泡咖啡的技法，不過這是很後面的事了。最早，調理咖啡的方法只有烹煮一途，也就是現稱的「土耳其咖啡」，或多或少會加一些糖，偶爾也加一些香料，好比荳蔻。沖泡過濾的技法：咖啡豆研磨之後，用熱水沖，再用篩子過濾，很久之後才傳入歐洲。一直到二十世紀，義大利人才

發明了滲濾法，用水加壓。因為有了這些創新的技術，歐洲人才得以將糖從咖啡沖泡的過程中完全剔除。不過糖依舊是按個人口味喜好自行添加的選項，也是極其常見的咖啡伴侶。

相較於亞洲人喝的茶，歐式茶飲經歷了相當於印第安人喝的可可那般的大變身。令人驚訝的是，今日許多歐洲的茶藝沙龍常常是東西方兩種不同的茶飲並陳，然而墨西哥的可可卻已成為過去的記憶了。儘管在中國、韓國和日本，飲茶的習慣大異其趣，但統統沒有加糖和加牛奶的習慣。事實上，也許歐洲人還不能算是最早把牛奶混進茶裡喝的人：茶樹的種植從中國起往外廣布至中亞大草原，其中當然不能漏掉蒙古部族。蒙古畜牧民族食用大量的奶製品，他們甚至用奶釀造了一種含酒精的啤酒飲料，奶酒（koumis），或稱馬奶酒（airag），並且從很早就開始把茶加入他們釀造的奶酒裡。從這個角度來說，蒙古人的茶與奶的結合，不是單純的在茶裡加入牛奶而已。不過，蒙古人喝的茶奶（或奶茶）是鹹的，不是甜的。牛奶和茶的結合，在歐洲的演化過程跟在蒙古沒有什麼太大不同。總之，在十七世紀末，熱牛奶裡加糖已經相當流行。事實是混合了茶、糖和牛奶的茶飲，在十八世紀初，就已經變成經典的英式茶了。

印度人有時候會聲稱，英式茶是來自印度帝國的饋贈，這其實不太可能。一直到十九世紀中葉，印度和英國喝的茶都是來自中國和日本。而且英國人喝茶加奶的方式已經發展了很長一段時間。比較可能的推測倒正好是反過來的，奶茶是從英國慢慢的傳入日不落帝國的殖民地。肯亞和印度一樣，喝茶都加奶（且多在傍晚五點喝）。在印度，通常會多加入一些香料混搭，因而特別稱之印度奶茶，印度人則多在早餐時刻享用。

　　三種熱帶林木或矮灌木，加上甘蔗，構成了晨間新飲食的基本素材：無可否認的，新型態早餐的興起確實是歐洲掌控了熱帶地區才有的結果。

▶▶　第七話

控制「東西印度之路」[1]

　　十六世紀末到十九世紀初，歐洲殖民行動中最重要的角色，當數各國相繼成立的印度公司了。也就是在這段期間，蔗糖大量進口歐洲，甘蔗的種植規模不斷擴大，這樣的發展帶來了社會和人口雙方面的後續影響，而其中最值得一提的就是大西洋航線的確立。同一時期，人們對這些原產自熱帶的飲料，心態從好奇嘗鮮，轉換成消費頻率愈來愈高的商業產品。終於，早餐被視為一日飲食循環中嶄新一餐的時代來臨了，且廣為歐洲大多數的社會所接受。

東印度公司確立的茶之路

　　十五世紀末就掌控了遠洋貿易主導權的伊比利半島國家，在十六世紀將邁入十七世紀的交接時刻，面臨了其他歐洲強權興起的挑戰，逐漸退出這片戰場。葡萄牙人發現了繞經非洲大陸通往亞洲的航線，從中獲得巨大利益，不料在印度洋卻遭遇了北歐船隊的競爭。荷蘭人是首批到此探險的北歐民族。自達伽瑪（1469-1524，葡

萄牙探險家，史上首位從歐洲航行到印度的航海家）平安返
航之後，每次葡萄牙人帶回來的黑胡椒都交由弗朗德人
（Flamands，居住在現今比利時北部）來銷售。後來西班牙
派兵鎮壓弗朗德地區的新教徒，慘烈的戰爭讓安特衛普
失去了它原先擁有的東方商品轉運口岸的地位。商人流
亡至阿姆斯特丹，至此阿姆斯特丹接替繼起，掌控整個
十七世紀的海上貿易。

　　1592年，高乃李斯・德・豪特曼（Cornelis de Houtman，
1565-1599）[2]跳上了葡萄牙商船，後來間諜身分被人識破，待
從印度返航歐洲後旋即遭到監禁。鹿特丹的船東付了贖金恢
復了他的自由，隨即派他指揮帶領一個艦隊航向印度洋，
這次他上的是荷蘭人的船了。他在1597年回到歐洲，自此
葡萄牙視為機密的香料航線不再機密。五年之中，也就是
從1598年到1602年間，共計有十四個艦隊，六十五條船，
往來於荷蘭和印度洋之間。利益高，風險自然高，有時候
賭注非常龐大。為了避免荷蘭籍艦隊彼此間出現毀滅性的
激烈競爭，各家船東於1602年聯合組立了VOC（Vereenigde
Oostindische Compagnie），「東印度聯合公司」。該公司掌
控了十七世紀所有的歐洲遠洋貿易，一直到1799年該公司
解散為止，始終是海上貿易的要角。

　　東印度聯合公司，跟其他國家的印度公司一樣，屬

於我們今天所謂的混合經濟制（由個人企業和政府機構
共同控制的公私混合經濟）；以這種架構經營的公司，它
不是第一家，英國早它兩年就有這樣的公司成立。東印
度聯合公司雖然名為私人企業，卻是由尼德蘭聯省共和
國[3]的議會代表規劃經營策略，它的首要目的當然是軍
事上的：抵禦（也想與之競爭）西班牙和葡萄牙艦隊（當
時這兩國已經聯合行動）。相對的，該公司享有遠東貿易
的專賣權。

　　東印度聯合公司在東西方之間織就了一張巨大的交
易網。兩百年間，它武裝了四千七百艘船艦，運載了將
近一百萬名歐洲人。它從亞洲運回歐洲的商品，最早都
是香料，該公司很快的便拿到了高級香料在歐洲的專賣
權，肉荳蔻、肉荳蔻花、香草和丁香，其中最重要的進
口品項是黑胡椒。然而，自十七世紀中葉開始，這些熱
帶香料帶來的利潤慢慢的輸給了布料（印度印花棉布）。
十八世紀初，茶葉和咖啡終於成為最大宗，很快的漆器
和中國瓷器也成了寵兒。1606年，東印度聯合公司的船
隊就載運了首批茶葉回到歐洲，但一直到該世紀過了三
分之二後，這個商品才成為市場新寵。

　　1600年，英國女王伊莉莎白發布皇室憲章，公布成
立東印度公司（East India Company）。剛開始它的發展受

到東印度聯合公司的壓制，無法展開，因為亞洲和東南亞地區產香料的島嶼都有荷蘭艦隊固守，它無法靠近，只得轉而專注在印度半島上，沒想到反而成為十八世紀歐洲海外擴張的關鍵要角，它完全掌控了茶葉和其他商品的貿易。由於葡萄牙勢力逐漸萎縮，征服印度相對簡單許多，而後來也證明這是一宗好買賣。有一陣子，辣椒是非常重要的貿易品項，但棉花和槐藍屬植物（indigo）很快的後來居上，最後由茶葉擅場。1757 年的普拉西戰役（英國東印度公司與法國在背後支持的孟加拉王公之間的戰爭，最後英國獲勝）等於把法國公司逐出印度，東印度公司取得了亞洲商品進口歐洲的絕對掌控權，後來更在新加坡（1819 年）和香港（1842 年）成立據點，進軍中國。

儘管如此，茶葉貿易還是遇到了一個大難題，因為這是完全單向的貿易：當時的中國幾乎可以說是茶葉的唯一供應國，它對歐洲商品卻完全不屑一顧。東印度公司必須面對巨額資金外流的困境，因此它想把東孟加拉（當時泛指現今的印度東部和部分孟加拉地區）產的鴉片輸入中國，該公司從 1773 年起即擁有鴉片的獨家收購權，但只能偷偷的輸入中國，因為中國政府堅定的取締煙毒走私貿易。1838 年，偷偷進入中國的鴉片超過一千四百公噸，中國政府於是決定對走私犯處以死刑。當欽差大臣林則徐強制

搜索入港的大小船隻時，英國政府決定派遠征軍保護，因而爆發第一次鴉片戰爭（1839-1842），其實也可以說是茶葉戰爭。1842年8月29日雙方簽訂南京條約，英國人以武力取得了在中國自由販售鴉片的權利，以及香港諸島。

另一後續效應：中國茶葉外銷量快速雙倍翻長，更形加劇貿易失衡的現象。事實上，由於歐洲對茶葉的大量需求，很多中國農民轉而種植茶葉，使得中國必須對外進口一部分的糧食，糧食不足也導致國內社會動盪不安。然而失控的動亂場面卻是在東印度公司的印度總部上演：1858年印度土兵（Cipayes）兵變[4]迫使英國政府不得不出面接手直接介入管理。該公司在1874年正式廢除。

十七到十九世紀之間，在這兩大獨占歐亞貿易長達兩世紀之久的巨人，東印度聯合公司和東印度公司的夾擊下，其他國家的印度公司營收就微薄得多了。瑞典東印度公司（Svenska Ostindiska Companiet）從1732年到1806年間派出了一百三十二支遠征隊，主要目的地就是中國。該公司的部分資金和組織有蘇格蘭的介入，當時蘇格蘭亟欲躲開英國東印度公司的貿易壟斷，想直接把茶葉和瓷器運回歐洲。他們用瑞典人帶回來的商品交易取得西班牙銀幣，再換取茶葉和瓷器。茶葉就這樣到了哥特堡（瑞典第二大城），瑞典東印度公司的船籍港，再

轉運至各地，到的最多的就是英格蘭。該公司始料未及的是，它同時也在科學發展史上占有一席之地：好幾位卡爾・馮・林奈（Carl von Linné，1707-1778）[5]的門徒跟著艦隊航行至遠東，帶回眾多植物。

除此之外，還有一家丹麥東印度公司（Compagnie danoise des Indes orientales），於1616年成立，不過該公司活躍的年代得等到1732年重整改名為亞洲公司（Compagnie asiatique）之後。跟前面那間斯堪地納維亞地區的公司一樣，它的獲利來自將帶回歐洲的茶葉立即轉賣到英國市場。此外，它還有另一個獨特之處，率先在亞洲建立了唯一的丹麥殖民地。特蘭奎巴（Tranquebar，1620年至1845年間是丹麥在印度的殖民地），也就是現今印度的坦米爾納杜邦（Tamil Nadu，位印度南部，東鄰孟加拉灣與斯里蘭卡相望）海岸的塔蘭甘巴狄（Tharangambadi）一帶，它是丹麥印度公司在1620年到1845年間的亞洲基地，後來賣給了英國東印度公司。

法國公司，又稱東方公司，對東印度的貿易影響就大得多了。該公司在1664年由柯爾貝（Jean-Baptiste Colbert，1619-1683，法國政治家，路易十四時期的重要人物）倡議成立，是他規劃下的重商主義政策裡的一環，目的在擺脫法國對荷蘭和英國東印度公司的依賴。在它之前，有好幾

家公司曇花一現，留下了設在馬達加斯加和馬斯克林群島
（Mascareignes，印度洋東部的火山島群，由留尼旺、模里西
斯和羅德里格斯等島組成）的支援站。1666年開始，從無
到有，興建洛里昂港（Lorient，不列塔尼亞地區臨大西洋的
港口，其拼音與l'Orient〔東方〕相同）成為該公司的基地港，
公司也因此又名東方（Companie d'Orient），業務開始起
飛。1719年，約翰・羅（John Law，1671-1729）[6]將它與其
他公司，特別是塞內加爾公司（Compagnie du Sénégal）進
行合併，新成立的公司有個頗悅耳的名字「印度永續公司」
（Compagnie perpétuelle des Indes）。之後公司倒閉，羅當然脫
不了責任，於是再次進行重組，此後一直到舊政權[7]結束，
該公司每年至少派遣十數艘的船艦遠赴印度。1763年，
七年戰爭結束，一手扶植它在印度立足的帝國戰敗，公
司遭到清算結束，但後來成功的重振貿易雄風。

　　1785年公司再度成立，業務很快的也再次蓬勃發展，
直到1790年國民制憲會議決定開放自由貿易，頓失手上
的專賣權為止。總結來說，它對香料和茶葉的貿易貢獻
不大；主要的產品是色彩鮮豔的棉織品，也就是著名的
印度印花棉布。

▼ 蔗糖和奴隸：西印度公司的機運

　　歐洲列強為了西向貿易，同樣也相繼成立了許多公司。但這些公司從來不像它們的東方姊妹那般，與金融強權畫上等號。就算到了十八世紀，往印度洋和中國海的航行少說需要兩年時間，經常還得看季風的臉色，和考量競爭對手，因為海上航行的不只有歐洲船而已。鑑於航程時間長，中途還必須設立補給換班的中繼站。這些地方得牢牢的掌握，防止他國 —— 且多是強權國 —— 插旗染指。歐亞的往來大宗貿易要能繁榮，貿易重心必須放在這些歐洲公司插旗深耕的地區才行。這一切逼得公司需要具備幾乎等同國家的權力才能辦到，因此舉凡禁得起時間考驗的東方公司都是這樣。

　　相對的，往大西洋的貿易可能看似單純許多。航程頂多用幾週來計算。海上也沒有歐洲以外的其他國家來攪局。當然這條三角貿易航線（歐洲、非洲沿岸、安地列斯群島，接著返航）常常簡化了很複雜的現實層面，不過有關這些航線的海象專業知識比較普遍為人所知（洋流和風向），加上不太需要設立中繼站，這也說明了意欲來分一杯羹的人數量必然倍增（港口、船東、種植業者、海盜……）。在這樣的背景環境下，設立類似印度公司的大型組織（精確的

說應該叫西印度公司）顯得較無必要，也比較不興盛。

所以，下面一些令人震驚的事件發展也就不需委婉隱晦了。法國西印度公司跟東方公司同於1664年在柯爾貝的倡議下成立，而後於1674年解散。它接收了非洲和美洲法屬沿海地區產業的所有權，並獨享大西洋貿易專賣權。它是魁北克地區殖民的始祖，尤其是在尚‧塔隆（Jean Talon，1626-1694，是路易十四指派到新法蘭西，即法國在北美的殖民地，到任的首位總督）統領的時期。該公司還把當時被法國海盜占領的大溪地島和西班牙島（Hispaniola，加勒比海地區第二大島）的西部納為旗下產業，並通過1697年簽訂的雷斯威克（Ryswick，荷蘭城市）條約，獲得西班牙的承認。

1635年法國為了種植甘蔗和菸草轉銷歐洲大都會，從西班牙人手裡奪來小安地列斯群島，瓜德羅普島（小安地列斯群島之一，位東加勒比海，是今日法國的海外省）和馬提尼克島（位加勒比海，亦是法國的海外一省），但島上的農產種植業一直等到1674年法國西印度公司（CFIO）消失之後才開始蓬勃發展：奴隸的數量和蔗糖的產量短短十幾年間呈倍數成長。1763年簽訂的巴黎條約，法國選擇保留富庶的安地列斯群島，捨棄了被伏爾泰嘲諷是「幾畝雪地」的加拿大；當時加拿大的經濟效益只剩下毛皮交易。除了生產蔗糖之外，大溪地還種有槐藍屬植物、咖啡和可可，當時歐洲對這些產

物的需求暴增。本地的經濟成長儘管植基在人口販賣和奴隸勞動之上，但相較於各國印度公司的控制，卻是自由得多。

荷蘭西印度公司（GWC，Geoctroyeerde Westindische Compagnie）也有著同樣的不穩情況。成立於1621年，後來因故停運，1675年又再次開始運作。該公司的全盛時期大約是1630年到1654年之間，它從葡萄牙手裡搶下巴西東北部，包含了勒西非（Recife，巴西第五大城）、納塔爾（Natal，巴西東北大西洋岸城市）和薩爾瓦多（Salvador，巴西東北濱海城市）等城市；這個地區是當時歐洲製糖業最大的上游甘蔗種植區。荷蘭人打鐵趁熱，高效率的透過販賣黑人輸入勞力。自1650年代開始，安地列斯群島各地甘蔗種植蓬勃發展，重傷了荷屬巴西的種植業，該公司只得被迫縮減種植面積，集中心力經營蘇利南（Surinam）和古拉索（Curaçao）。

說到在美洲的國家特許公司，最後還有一間值得補充說明：瑞典西印度公司（Svenska Västindiska kompaniet）。它運作的時間相當短（1786-1805），活動的範圍也有限（聖巴德蕾米島〔Saint-Barthélemy〕位於瓜德羅普島西北方，面積只有二十五平方多公里），瑞典卻因此沾染了直接參與販賣奴隸的汙名。

美洲的種植業大量提供了早餐的食材，從十八世紀初，新型早餐慢慢形成，先是糖，再來是咖啡。若少了這些國家特許公司長期圈地為營的開發，這是絕對不可能的。

東印度、西印度，早餐的源頭

　　以熱帶產品為主的新型早餐，逐漸在十八世紀慢慢的標準化，進而在十九世紀普及大眾，我們可以大膽的說，這是數千艘歐洲船隻航向南方所帶回來的。但是歐洲跟熱帶地區的關係並非各地皆同。自十六世紀以來，歐洲人在大西洋可說是唯一的霸主，這裡很早就變成農產種植區，最早是種甘蔗，然後是咖啡和可可。亞速群島附近，高壓氣旋導引的風向系統，加快了安地列斯群島與歐洲大西洋沿岸港口之間的船行速度，航行壓縮到只需幾星期的時間，定期的雙向海上往返變得更簡單，也更容易掌握。哥倫布發現新大陸的數十年後，巴西率先有了農業發展，然後從十六世紀起，擴展到安地列斯諸島。就是在這裡，首批移民將來自亞洲的蔗糖混入美洲原產的可可中。也是在這個地方，歐洲人自十七世紀始，在此種植咖啡。

　　隨著種植面積的逐漸擴大，可可和咖啡，兩種都是喝甜的，以相同的步調征服了歐洲消費者，消費和產量互為因果。而被販賣到大西洋彼岸農地的非洲人，數量也以同樣的步調逐漸增加。沒有奴隸，新型早餐很可能不會出現……。

　　另一條南向路線，船隻離開歐洲後繞經非洲大陸航向亞洲，則做出了相當不一樣的貢獻。行經這條路線的

歐洲貿易風險較高，需要更多資源挹注，因此有必要成立類似獨賣公司這樣的強力機構。也就是因為有了它們，從瑞典東印度公司開始，其中最重要的當然是英國東印度公司，因為有它，歐洲人才得以用瓷器享受茶的美味。在下面幾章，我們將逐一探討。

第八話

茶、咖啡、可可，
此物只應天上有？

　　這些構成早餐的基本食材以前是否曾被認定為香料呢？這大概只有在研究美食歷史和歐洲地緣政治時，才會構成問題吧。香料的概念並不簡單。「為菜餚增添風味的芳香植物成分。」《小拉魯斯字典》(*Petit Larousse*) 這麼解釋香料。這個定義未免有些空泛，無法界定出廚房裡氣味芳香的香料（「來自植物的芳香物質」）和調味料（「加入烹煮料理內或生食裡，藉以提味的物質或合成混合物」，同樣來自《小拉魯斯字典》的解釋）之間的區別。

　　為什麼可可、咖啡或茶沒有被放進商店裡標示「香料」的貨架上呢？這個疑問將帶領我們一路由東到西，從北至南回顧一遍歷史。

早餐少見香料

　　想要詳細勾勒出香料的概念，非得弄懂地理不可：香料是來自遙遠國度的芳香植物；反過來說，歐洲或地中海地區家戶庭院裡種的調味植物不能算是香料，比較像

是辛香草[1]。大蒜、小茴香、當歸屬植物、八角、羅勒、葛縷子、芹菜、香葉芹、細香蔥、芫荽、小洋蔥、龍蒿、茴香、月桂葉、墨角蘭（或稱牛至）、薄荷、檸檬香草、香桃木、洋蔥、酸模葉、香芹、松子、地榆、迷迭香、風輪菜、鼠尾草、百里香……這些我們熟悉的辛香植物，歐洲的消費者不僅知道它們的味道，也常能在鄰近院子，甚至在陽台的花盆裡，認出能產出這些提味的辛香草長的樣子。相反的，航海員多半認不出能結出黑胡椒果實的藤本植物(*Piper nigrum*)，內層樹皮為肉桂基本原料的錫蘭肉桂樹，或一叢生氣蓬勃的草本植物(*Zingiber officinale*)，它的根就是薑，而所謂的摩鹿加島樹（摩鹿加島是印尼境內的群島，中國和歐洲傳統上稱之為香料群島），他們結出的花苞我們常用，其實就是丁香樹……。

　　鄰近就地取得（辛香草）／來自遙遠地方（香料）的區分法，長期以來一直非常具體的呈現在價格的分歧上，運費是主要原因，但單單這樣的區別並不夠。除了地理上天差地遠之外，還得用年代來劃分。的確，香料屬於熱帶植物，無法在溫帶地區的院子裡生長，無法隨時摘取來增添食物風味，但這樣的熱帶植物也並不是全都被歸為香料之林。辣椒、腰果、核桃、花生、香草、南瓜子和葵瓜子都是例子。這些植物，以及我們比較熟悉的其他植物（玉

米、木薯、馬鈴薯、番茄）全都是在「哥倫布大交換」[2]之後才引進舊大陸的。上述的清單裡，還可以加上「有味道」的植物，例如菸草，只不過鮮少被當作食材。這一切統統來自美洲。這些植物的果實很晚才被端上歐洲人的餐桌，可以肯定的是，百分之百是在十六世紀以後，最常見的說法是十七世紀末也許稍早一些。這些香料的普及，原因無它，與運輸成本的下降相互呼應：當舊時的香料價格往下掉時，消費隨之變得平民化，香料也就失去了原先具有的炫耀價值，慢慢在高檔的創新料理裡幾乎消失了蹤影。

隨著「大發現」登陸歐洲的新食材——不僅限於原產美洲的產品——基本上都很少被納進香料之屬（因為有時候其中的區別相當模糊）。然而，像是可可、咖啡和茶這些新近移入的品項，就很可能，至少在某一段時間裡，具有被稱為香料的價值，儘管它們早在十字軍東征時就曾被帶回西方。蔗糖就是最好的例子。

甘蔗源於印度。早在「印度河流域文明」時期，摩亨佐達羅和哈拉帕[3]就已經開始種植甘蔗了，約莫是西元前2000年左右。千年之後，印度恆河平原也開始了甘蔗種植。亞歷山大的士兵征戰回國之後，曾說看見過「會流出蜜汁的蘆禾」。甘蔗往西方蔓延，穿過伊朗，歐洲人

也因此得以藉著東征的機會一嘗糖的甜滋味。此時，這種調味料處在一個跟黑胡椒、薑和香草樹皮相近的情況：來自遠方國度，且滋味迷人（更別提人們不遺餘力擅自加油添醋的神奇功效……），又無法在歐洲種植，於是義大利商人下了重金帶回來。用於料理，糖是稀少又能炫耀的食材，與原本只用於配藥的功能性差異於是更形鞏固，蔗糖因而有了多重功效。

　　儘管仍只有少數特權階級才得以享有糖的美味，不過自十六世紀以來，蔗糖消費的逐漸平民化是不爭的事實。大西洋沿海的島嶼，特別是馬德拉島，而後美洲大陸的甘蔗種植也很快的跟上了腳步，最早是在巴西，這全都是為了滿足歐洲大陸快速增長的需求。連摩洛哥也出口大量的糖到歐洲。文藝復興時代颳起了一股果醬風潮，各式各樣的果醬作法紛紛出籠。其中最知名的一位果醬師傅當推諾斯特達姆（Michel de Nostre-Dame，1503-1566），也就是大家熟知的諾斯特拉達姆斯（Nostradamus）[4]，他之所以赫赫有名，的確摻雜了別的因素，總之，他1552年在里昂出版了《果醬製法》（Traité des confitures）一書。裡頭詳細記錄如何把糖和水果加在一起細火慢燉不斷攪動，如此製成的產品成了十八世紀以來，早餐餐桌上不可或缺的重要食材。

　　或許是因為它們身為熱飲的特殊性，茶、咖啡和可可從來沒有被當作增添鹹味菜餚的香料使用過。一天的另外兩頓餐食中也看不見它們的蹤影，除了甜點（尤其是巧克力）和飯後飲品之外。想要了解巧克力的妙用，一定要嘗嘗克里奧爾菜，尤其是墨西哥菜；而加了巧克力的「Mole poblano／墨西哥辣醬」搖身一變成了搭配其他當地菜餚的辣醬，裡頭有辣椒、番茄和花生。但巧克力的這種用法，在西方料理，還有其他多數地區的料理一樣，仍屬罕見。

神奇植物，傳奇記載

　　一日的開端能概括描繪天地之初始嗎？這莫名荒誕的問題，看在一個中世紀神學家的眼裡，或許沒有那麼怪誕。人們對於香料的著迷，無可避免必然引發各種針對它們的來源的神奇猜想。它們來自哪裡？哪個奇幻國度能種出這麼奇妙的作物？在中世紀思想家想像出來的地圖裡，確實有──曾經有過──那麼一個種滿奇花異草，有可能結出黑胡椒、香草、丁香、薑、麝香和薑黃的奇境：伊甸園。

　　其實這正是歐洲買家在鄂圖曼帝國開放的自由貿易

港口區詢問這些產品是從哪兒來的時候，最常聽到的答案。跟隨聖路易（即法國國王路易九世，1214-1270）規劃十字軍東征的若因維利爵士（Jean de Joinville，1224-1317，中世紀著名的史學家），詳盡記錄沿途風土，為我們留下當時他所見證的一切。他記錄了第七次十字軍東征時，和埃及商人的一段談話。當地的香料商對他說，他們的產品都是由小船順著尼羅河送下來的。他們到遙遠的上游撒網捕撈，大家都知道尼羅河是源自天國的四條水道之一。河岸邊生長的仙樹結出香料掉落樹底。商人一本正經的講述這段故事，若因維利又一本正經的聽進去，其實是可以理解的。無論是猶太人、科普特人（西元一世紀住在埃及的基督徒）或伊斯蘭民族，他們不也全都把上帝創造了世界的記載奉為圭臬，真心相信創世紀裡所言的一切？

確認這套宗教正確的說辭對帝國統治者也有好處。香料，當時糖也屬於香料，不是由船隻遠渡亞丁灣，就是商隊橫越伊朗和阿拉伯從東方帶回來的。此乃不爭的事實。但東方之後呢，那就無人知曉了，所以伊甸園的假設就顯得合情合理。

既然真有這麼一座俗世樂園存在，那麼找出它的地理位置也不能算是褻瀆神明了。人們於是延伸闡釋了聖

經創世紀的某些段落，尤其是關於被放逐至「伊甸之東」的該隱受詛咒一節，位於太陽升起之境以外的黑暗世界，再加上近東地區古老共同傳說的印證，因此可以大膽作出結論，俗世樂園就在世界的最東邊，太陽行進軌道的起點。這個地點與史跡吻合，因為亞當和夏娃被逐出的伊甸園是人類歷史的起源地。太陽升落的行進軌跡，和上帝創造人類的歷史行進軌跡循著相同的方向。世界的中央是地中海之東，更明確的說，是基督埋葬之地，而歷史編年也是以基督為基準一分為二：基督以前的是西元前，之後的為西元後。在這樣的背景氛圍下，才有了中世紀將地球一剖為二的全球平面圖，最早將陸地分割為各個「大陸」，但圖的上半邊畫的卻是東方，而非北方。歷史的巨輪是由上往下走，跟我們書寫、閱讀一樣。今日口語中我們仍會說「尋找地圖方位」[5]，這就是歷史留下的痕跡。

於是，香料就這樣，變成遠自時間的開端──東方，千里迢迢來到西方，在日落之境，時間的尾端，供我們食用。假設中世紀的早餐就有了現今我們熟知的樣貌，那麼在一日的開端吃下這些可能被視為香料的食物，也許就是世界初起的象徵呢⋯⋯。

南方：香料和早餐的故事

　　茶、咖啡和可可出現在歐洲餐桌上的時間太晚，所以沒有被列為香料之屬，糖的消耗量卻在極短的時間內飛快成長，儘管沒有被冠上香料的名銜，這三項飲品卻有著跟香料一樣的命運。它們全都來自熱帶或亞熱帶地區，但對它們需求最大的區域卻是溫帶地方。不久以前，它們被稱為「殖民地作物」── 到了1950年代，「殖民地」一詞換成了「熱帶」。1980年代後，人民偏好稱之為「南方作物」。新興的早餐源於北方，但基本食材卻來自南方，完全符合過去香料貿易的產銷路線。

　　但東西交流的歷史卻出現了斷層。十五世紀，歐洲人相繼投入遠洋海上競逐的原因既是基於宗教信仰，也是出於地緣政治的考量：繞過伊斯蘭世界，尋找雙向合擊的盟友，像是神祕的祭司王約翰[6]，兩面包夾，從穆斯林手中一舉奪回耶穌陵墓。同時也希望能與東方重建貿易關係。東西方的商業活動在十三世紀和十四世紀初變得日益頻繁，當時的蒙古帝國國力強大，足以確保貿易通道的安全，這條貿易通道也就是後世通稱的「絲路」。馬可波羅是這條交通要道的主要見證人。十五世紀，雙方貿易因為歐洲黑死病肆虐而中斷，最起碼貿易因此大幅度急遽

縮減，一方面怕雙方交流擴大了瘟疫蔓延，另一方面蒙古帝國分裂，導致各部爭權動盪也是原因。

總之歐洲列強已經愛上了這些他們稱之為「香料」的遠方農產品，尤以蔗糖為最。歐洲人想念糖的滋味，對蔗糖的生理需求沒有任何本地作物能夠滿足，而且蜂蜜只能少量生產。此外，拉丁美洲的基督教社會也需要支付貿易的資金，特別是那些來自比撒哈拉沙漠更遙遠的神祕地區的黃金，多半用來支付香料採購。基於這些動機，歐洲人跨出了他們的地平線。

他們遠渡重洋，發現別的土地、別的族群。先是美洲，然後是大洋洲，當地原住民與歐洲人的第一次接觸帶來的竟是巨大的細菌衝擊。歐洲人身上帶著舊大陸民族皆有的各種疫氣，導致當地原住民人口遽降，因而讓少數的歐洲征服者得以順利占領廣大疆域。但一直到十九世紀以前，遠赴海外殖民的可能性仍非常受限。就算當地原住民部族的抵抗因為疾病和入侵者的暴力鎮壓而瓦解，歐洲人實質控制的地方仍只有點狀的零星據點而已。千萬別被以前殖民地圖上大片大片的彩色區塊給騙了。

事實上，歐洲人的選擇多的是。很久以來，光在美洲一地，可以殖民的土地就遠比可移居到這些土地上開

墾的人口要來得多。選擇其實也不難：首選當然是溫暖的、沒有冬天的地方，亦即與歐洲完全不同的地區最引人垂涎。從加州到智利北部的所謂「西班牙美洲」，這片廣大疆域其實多處無人看管。冬季周而復始的寒冷北方只被當成運輸必經之路而已。因為從玻利維亞的銀礦礦區必須穿越彭巴草原（南美東南沿岸的草原）方能抵達大西洋岸，因此這塊地方才被稱為「阿根廷」（Argentine，法文「argent」是銀的意思），其實這個國家根本不產銀。但在十九世紀之前，幾乎沒有人遷移至此定居。

至於北美洲，當時歐洲人一心只想著穿過著名的「西北航道」，繞過美洲大陸這塊大屏障，抵達神奇東方，眾多船隊前仆後繼冒險前往探索。這塊溫帶地方寒冷異常，因此無法產出歐洲人需要的產物，除了幾樣毛皮之外。十九世紀以前，歐洲人能從這裡獲得的利益非常有限。所以也只有一些邊緣人來此定居：像是家鄉鬧饑荒、身無分文的農民；為了平衡殖民者性別比例，而遭遭送至此的妓女；還有西班牙基督教教會黨人，他們為了逃離迫害，來此尋求所謂的處女地，建立理想新世界。

熱帶和熱帶鄰近區域卻是大事接連發生。因為在這裡採收或產出的農產品，才能讓歐洲人產生動力，航向如此漫長、成本如此高昂、過程如此凶險的旅程。在亞

洲，面對當地的族群，歐洲人的武力後援其實並未給他們帶來優勢，因為當地人也浸淫在同樣的傳染病大染缸裡面，所以跟歐洲人接觸後並未大幅削弱他們的勢力，貿易得以長久維持平衡。相反的，在美洲，殖民者可以強迫當地人種植他們所需要的熱帶農作物。首先是甘蔗，然後是其他農產（菸草、棉花，十八世紀後多了槐藍屬植物）、咖啡和可可。一旦上述的哪一種植物能於歐洲種植之後，美洲生產的該種作物就只在當地銷售了，因為橫跨大西洋後根本沒有利潤可言。

這樣的農作種植經濟從十四世紀開始，持續不墜，期間或許歷經各種型態上的不同變化，但整體而言，造就出了完全以出口為導向的社會和地域結構。歐洲人對糖的需求量逐年增加，接著是熱帶地區出產的熱飲，全都是由需求帶動供給。由是，北方造就出了南方。

另一個激發遠洋冒險的動機也值得注意，那就是貴金屬，貴金屬的開採同樣不出上述的溫熱帶分區概念。當然，地理座標並非分毫不差的符合，金礦礦脈也不是特別集中在熱帶地區。然而當時被發現的礦脈卻集中在殖民者所在之處。事實上，如果將這些撼動了世界經濟的美洲礦區標注出來畫成地圖，特別是那些讓歐洲人握有雄厚的貿易資金前進亞洲，支援各東印度公司持續發展到十九世紀的那些礦

脈，都位在熱帶地區。當時主要的開採礦區位在玻利維亞的波托西（Potosi，玻利維亞南部的城市）、墨西哥的塔克斯科（Taxco）、薩卡特卡斯（Zacatecas）和瓜納華托（Guanajuato）以及巴西的米納斯吉拉斯（Minais Gerais），這些礦區的開採遠早於舊金山和後來的克朗代克淘金潮（Klondike）[7]。

歐洲人所以能固守住他們在美洲的疆域，須歸功於他們無意間引爆的細菌戰爭，爆發了人類史上最巨大的人口驟減。然而當地勞動人口的缺乏對於殖民開發計畫而言，尤其是在農作物種植方面，無疑是一大難題。解決辦法：重啟並擴大剝削南方勞動人口的老法子，將南方，即非洲黑人輸往北方。買賣黑奴造成了巨大的傷痛，且沒多久，大西洋彼岸的其他南方地區也群起而效尤，一個個跟著陷入墮落的深淵。可見南方，也就是不久前俗稱的未開發國家，他們產業發展的源頭有好幾個，但全都與溫帶國家設立的公司剝削壓榨泛熱帶地區脫不了關係。

由這段歷史可以看出，十八世紀出現的新型早餐，食材無一是由在地供應，甚至若無懼被冠上濫創詞彙之名，稱之為「熱帶食材組合餐」也沒錯，其實是斑斑血淚積攢的成果。喝茶、喝咖啡或熱可可、加糖，我們消費的農產品常常是奴隸的血汗。早餐可能無法概括描述世界的歷史神話，但確實反映了世界的地理面貌。

飲品
與賞味

第九話

咖啡：後起之秀？

　　咖啡遙遙領先另兩種熱飲，雄據全球最普及的早餐熱飲寶座。全球統計數據沒有顯示人們喝咖啡的時間，是集中在早晨或是一天的其他時候，但領先的幅度非常之大：咖啡每年的銷售量達七百萬公噸，而茶葉還不到四百萬公噸。加上咖啡除了拿來沖泡成熱飲喝之外，其他用途上的用量很小（調和成別的飲料、製作糕點⋯⋯），因此我們可以大膽認定，這麼大量的咖啡大體都進了咖啡杯裡（也可能是馬克杯、高腳杯、碗⋯⋯）：全球每天要喝掉超過二十億杯。一年的咖啡市場約在一百二十億歐元之譜。問題在於，難以界定人們到底是在什麼時候喝咖啡，是早餐、午晚餐飯後、還是一天當中的其他時候？

　　咖啡的最大消費國多半是那些工業化得早的國家：有將近四分之三的咖啡輸往北美、歐洲，以及——說來或許有些讓人驚訝——日本。將近80%的咖啡供外銷。咖啡的生產分布說來簡明易懂：種的人並不怎麼喝，愛喝的人卻種不出來，只有巴西例外。全球咖啡消費紀錄的保持國，長期以來都是離熱帶最遠的斯堪地納維亞半島國家，那裡的每位居民每年要喝掉將近十公斤的咖啡（而且都是最上

等的咖啡）。該地冬季長夜漫漫或許多少有點影響，但也不可就此任意擴大解釋，高緯度不是決定喝咖啡與否的關鍵因素；更何況，斯堪地納維亞地區的人在黑夜極短的夏天時，喝掉的咖啡量跟冬季一樣多。某些熱帶國家的消耗量也逐年增加，尤其是巴西。影響消耗量的最大關鍵仍然是生活水準；咖啡可是小小奢侈品呢。

不過，若論起清早喝咖啡的歷史，時間卻不長。

人工種植起步晚

常見的咖啡樹，學名 *coffea Arabica*，是一種矮小樹種，有時候還被稱為灌木，事實上它們最高可以長到九公尺。咖啡園一般會裁減枝芽，讓整體維持在三公尺的高度，所以咖啡園四周經常可見環繞大樹的保護。野生咖啡樹最早生長在高山叢林裡，在衣索匹亞西南方的咖發（Kaffa）地區。

福斯圖斯·奈龍（Faustus Nairon，1628-1711）1671年出版的《論咖啡》（*De saluberrima potione Cahue seu café nuncupata discursus*）可說是歐洲最早關於咖啡的出版品了。奈龍原名穆西吉·伊恩·尼朗·亞班（Murhij ibn Nirun al-Ban）是馬龍尼禮教教士，曾在羅馬的薩皮安

薩（Sapienza）大學教授敘利亞文，他記錄了人類首次注意到咖啡樹的發現傳奇。一位牧羊少年發現他的山羊啃食了某種灌木的果實後，變得興奮而難以控制；他還親身試驗吃下該果實，體驗它引發的效果，之後他便開始採集咖啡果實。另一篇文獻則將發現者的功勞歸給蘇菲教派（伊斯蘭教的神祕主義教派，信徒一般稱為蘇菲行者）的創派領袖，原籍摩洛哥的阿布·哈珊·亞沙狄里長老（Abou Hassan al-Shadhili）：他在阿拉伯旅行途中，發現咖啡果實煎煮成湯汁食用後有提神的功效，因而加以推廣，以協助門徒集中精神，聆聽他主持的夜間膜拜禮。

　　咖啡樹確實源自衣索匹亞，蘇菲教派在咖啡的推廣上也確實功不可沒。然而關於咖啡如何被發現，最可靠的說法當數，一直居住在咖發高原的奧羅米亞人（衣索匹亞中南部一州）很久以前就知道採集野生咖啡果實為食（果實的果肉是甜的），但咖啡的人工種植則要等到咖啡出口至葉門之後才開始發展。一般咖啡的歷史研究，將咖啡的普及定調在十二世紀初。當時的咖啡豆要經過烘烤以便磨成粉，但多被當作香料使用。煎煮後當成飲品飲用應該是相當近期的做法。然而要變身成為我們現今熟悉的咖啡模樣，這中間還得經過長時間不斷的創新改良：咖啡豆的外殼去除（外皮和果肉）、烘焙、研磨、沖泡。這樣大家比

較能了解咖啡的種植何以那麼晚才開始擴張了吧。一直到十五世紀，考古學家才證實葉門沿海地區，摩卡港（Mokka，葉門紅海邊港口，十五至十七世紀期間是國際最大的咖啡貿易中心）周圍有人種植咖啡。烘焙後的咖啡豆，用水沖泡而成的咖啡飲料以相當快的步調攻占了穆斯林世界，當時的禁酒令多半也助長了它的聲勢。儘管有些神學家擔心這款酒的替代飲品，背後可能潛藏著魔鬼的特質……。

從咖啡果實到咖啡飲品，這中間加工程序複雜，時至今日複雜依舊，程度與巧克力豆的處理過程相去不遠。相反的，相較於茶葉沖泡之簡易，實如天壤之別。無論如何，咖啡幾乎是跟另兩款興奮飲品同時登陸了歐洲，成為十八世紀萌芽中的新型早餐的基本食材，儘管它們分別來自遙遠的東西方「印度」。如果咖啡豆能直接輕鬆泡出咖啡飲料的話，羅馬人在浴池泡澡高談闊論的時候，可能就是人手一杯咖啡了，這樣一來，早餐的歷史或許會完全不同……。

▼ 十七世紀後半才開始喝咖啡？ ◢

十五世紀末，從麥加朝聖回來的信徒把咖啡帶進了波斯和鄂圖曼帝國。開羅、伊斯坦堡、大布利茲（Tabriz，伊朗西北城市）、伊斯法罕（Ispahan，位於伊朗中部，

是伊朗第三大城），然後到了二線城市，「咖啡屋」如雨後春筍般開立。大夥在裡邊圍著咖啡高談闊論、朗誦詩歌，下雙陸棋（tavla，又稱十五子棋，是最古老的桌遊）……因此咖啡——以及從咖啡衍生出的社交功能——是由義大利商人引進歐洲的也就一點都不足為奇了，打頭陣的當然是傳統上一直扮演地中海兩岸交流中間人的威尼斯商人。

約莫1600年的時候，咖啡開始在歐洲販售。1615年起，旅行者就津津有味的描繪這種在威尼斯已經相當盛行的飲品了。咖啡一字的詞源因此毫無異議，來自義大利文的「caffè」，歐洲各國語言指稱咖啡的字彙皆源於此，「caffè」其實是土耳其語「kahve」的轉寫，「kahve」這個字則源自阿拉伯語「qahwah」。相反的，「qahwah」這個字的源頭說法就莫衷一是了。是源自「Kahoueh」，意指開胃（可說是「開胃菜的同義詞」。）這也說明了某些宗教對它抱持著敬而遠之態度的原因，因為酒「vin」這個字的源頭也是它。抑或是源自衣索匹亞的Kaffa，咖啡樹的原生地呢？由於地名淵源的說法不是完全不可能，再者這第二個諧音的解釋也比較能讓虔誠的伊斯蘭教徒安心。另外還有一個小插曲，「kahve」若以北非地區的方言發音，會讓人立即聯想到法文俚語「caoua」（阿爾及利亞

地區阿拉伯語的咖啡),「caoua」在法軍占領阿爾及利亞時期,逐漸受到當地民眾的歡迎。相反的,「moka」(摩卡)一字,起先是用來指稱具有某種特殊香氣的阿拉比卡咖啡,後來又專門用來稱呼某種咖啡風味的蛋糕;它的源頭就毫無懸念了,該字源自同音的葉門港口,也就是咖啡最早的輸出港。

天主教會對咖啡持保留的態度,情況跟在一個世紀前試圖禁喝咖啡的伊斯蘭教頗為相近。只不過原因變了,不再是因為咖啡曾被拿來跟酒相提並論,而是因為咖啡來自伊斯蘭世界。以嚴厲著稱的教皇克萊蒙八世在十七世紀初期面臨了這個難題。教皇理性的先品嘗了這款新飲料,覺得風味絕佳,因而遲遲未予以嚴格禁止。其實應該說,教皇看到了咖啡的功效,它能讓僧侶在進行午夜彌撒時保持清醒……。

十七世紀後半,咖啡才跨出義大利國界。熱愛旅行的威尼斯作家皮埃羅·德拉瓦(Pietro della Valle,1586-1652,義大利作曲家、旅行者和遊記作家,文藝復興時期足跡遍及亞洲),被視為是東方主義的先驅,他率先於 1644 年把咖啡引進馬賽(一般認為把波斯貓帶進歐洲的也是他)[1]。同年,馬賽商人皮爾·德拉侯克(Pierre de la Roque)從君士坦丁堡帶回來了幾包咖啡,更重要的是,他把煮咖啡

的器具以及品嘗咖啡的專業知識也一併帶回馬賽。儘管如此，由於海洋貿易的發達，咖啡館的設立則是先從阿姆斯特丹和倫敦開始，而至遍地開花。1676年，英國試圖立法禁止設立咖啡館，理由是自由派在那裡集會滋事，引發群情激憤因而不了了之。1700年，英國總計已有超過兩千家的咖啡館。附帶一提，1688年某位勞埃德先生開設了一家咖啡館名為「勞埃德咖啡之家」（Lloyd's Coffee House），而後成立的勞埃德保險社就設在該店舊址，該社至今依舊冠著勞埃德的名字。

巴黎一直到1669年才初嘗咖啡滋味。當時代表鄂圖曼蘇丹穆罕默德四世的信使蘇立曼‧亞迦（Soliman Aga，1669年11月被派往法國，外交上他可謂空手而返，卻成功的將咖啡引進法國）為路易十四展示了咖啡文化（也就是「土耳其」咖啡），立即在王室及城裡造成一股旋風。他帶了相當大量的咖啡。應該就是蘇立曼‧亞迦讓路易十四品嘗了他生平的第一杯咖啡，路易十四相當喜歡，但很快就厭倦了。他的繼任者，路易十五，卻大不相同。路易十五跟他的情婦杜巴利伯爵夫人都是咖啡愛好者。巴黎的第一家咖啡館坐落在法國劇院附近的馬薩林街（rue Mazarine），成立於1672年。第二家則是西西里移民，凡契斯科‧博科皮歐（Francesco Procopio）於

1686年設立的博科咖啡館（Le Procope）。就算坊間流傳著光明會學者經常光顧這間店的傳言不假，但去除咖啡渣的咖啡首見於博科咖啡館的說法就有待商榷了。事實上，直到十八世紀初，西方人才不再喝帶著咖啡渣一起烹煮的「土耳其」咖啡，改喝多半加了糖的咖啡，而且會過濾掉渣。當時沖泡的方式是將研磨的咖啡放在濾眼很小的濾網上，用熱水沖。於是到了十八世紀，套用米什萊（Jules Michelet，1798-1874，被喻為法國史學之父）的說法是：「巴黎變成一杯超大杯咖啡。」

在巴黎，比咖啡館更加常見的類似商店多叫「bistro／酒館」，它的起源故事很有可能，很不幸的，並不是如前人傳頌的那般迷人。1814年巴黎被俄國軍隊占領，當時那些哥薩克人總是一進店門就吆喝著要喝的，一個勁兒催促「Vite」（快點），「Vite」用俄文發音聽起來像是「bistro」。然而這個字一直到十九世紀末方才成為巴黎地方的民間俚語，而且來源不明。或許源自法國普瓦圖省的方言「bistraud」一字，原本是指「小廝」，後來轉為「酒商」的意思，抑或源於齊密地方的方言（chtimi是法國北方庇卡底方言系之一種）「bistrouille」一字，指混合了葡萄酒和咖啡的飲料，後來轉換變成「bistingo」（小酒館），而且「bastringue」（廉價酒館舞廳）也是從「bistrouille」衍生出來的。

咖啡館時尚卻是歐洲的產物。大約在 1734 年，巴哈譜出著名的《咖啡頌》（cantate du café），該曲出自《安靜，不要說話 》（Schweigt stille, plaudert nicht），是一首充滿戲謔笑料的批判作品，音樂家透過天生的幽默感，以喜歌劇[2]的形式來表現萊比錫地區居民嚴重咖啡上癮的現象。一開場，先是男高音獨唱敘事，然後父親，由男低音詮釋，出場唱出各種恐嚇威脅，試圖戒除女兒，女高音，每天一定要喝咖啡的習慣；但是她做不到：「如果我每天不能喝上三杯咖啡，我會痛苦的像烤羊排一樣蜷曲著身子。」第二首詠嘆調大概是最著名的一段了：「Ei! Wie schmeckt der Kaffee süße.（啊！這咖啡滋味多甜美啊！）」

儘管早在 1683 年鄂圖曼帝國大軍二度圍攻維也納之前，維也納就有咖啡館了，但當地咖啡館真正的蓬勃發展似乎還是得從鄂圖曼帝國圍城進攻失利之時算起。波蘭國王楊三世・索別斯基（1674 年起同時擔任波蘭國王兼立陶宛大公，直到 1696 年辭世）帶領援軍前來救援，鄂圖曼軍隊倉皇撤離，慌亂中，阿拉伯大公的軍隊大概來不及帶走隨軍帶來的多袋咖啡豆吧。事實上，咖啡館在歐洲各大城市的發展時間大致相同。咖啡的消費一直比較集中在城市地區，這個現象大約持續了一世紀之久，但消費族群很快的便拓展到城市的一般百姓，這特別要感

謝那些仿效送水小販，清早在大街小巷叫賣的咖啡小販。咖啡很快的橫渡了大西洋：首間咖啡館於1689年現蹤波士頓。引爆獨立戰爭的波士頓茶黨事件爆發之後，殖民地十三州的居民把喝咖啡當作反制英式喝茶文化，展現國民傲骨精神的表現。

從杯子到園圃

　　早在十七世紀，咖啡樹就已經傳入歐洲了。但這種多年生植物無法忍受攝氏十度以下的低溫。植物學家曾一度在溫室栽種成功，但要擴大戶外種植是不可能的。雖說咖啡樹跟可可樹、茶樹和甘蔗一樣，只能在熱帶或亞熱帶地區種植，歐洲溫室的試驗過程卻非常關鍵。荷蘭人從義大利人手中搶得頭香。荷蘭東印度公司的船隊航向東南亞諸島時，行經好望角，之後他們不筆直的往東北方前進，反而沿著東非海岸航行，一路來到摩卡港。然後把幾株咖啡樹從那裡帶往爪哇。自此葉門不再壟斷咖啡的生產。1720年代，荷蘭東印度公司每年載運五百噸的咖啡回歐洲。

　　1710年，他們帶了一株回到阿姆斯特丹的植物園。而這唯一的一株竟繁衍出美洲所有的咖啡園。把咖啡帶到大西洋彼岸的第一人當然是荷蘭人。1718年他們將咖啡引

進古拉索島（加勒比海南面，靠近委內瑞拉的島嶼，屬荷蘭管轄），然後是蘇利南。1719年，咖啡種植面積延伸至法屬圭亞那。從卡宴（Cayenne，法屬圭亞那首府）望去，法屬安地列斯諸島上是一片又一片的咖啡園。這個前景一片光明的農作物在1723年傳到了巴西的帕拉地區（Para，巴西東北一州）。民間私下謠傳這些咖啡樹是卡宴總督夫人弄來要送給一位非常合她胃口的葡萄牙軍官的。1761年，咖啡種植擴及里約，然後往當時還只是個淘金小村的聖保羅延伸。四季更迭的亞熱帶氣候，以及該地的土壤均非常適合種植咖啡。古巴、委內瑞拉、中美洲、祕魯、墨西哥陸續加入種植的行列。到了十九世紀後半，哥倫比亞才以明日之星之姿，躍升為另一大咖啡生產國。

法屬安地列斯諸島也沒閒著。1725年，一場颶風摧毀了馬提尼克栽種的可可樹。船上的步兵隊隊長加百列‧德克里厄（Gabriel de Clieu）帶了他在巴黎時，王室御醫席哈克先生送他的咖啡豆。德克里厄在1737年到1753年間擔任馬提尼克總督一職，在該地推廣咖啡種植。不過咖啡種植成效最彰的地區卻是大溪地，使得自1770年代開始，伊斯帕尼奧拉島（Hispaniola，即現今的海地）的西半部成為最富庶的法國殖民地。這裡產的咖啡成為巴黎最搶手的產品。安地斯群島的咖啡種植同樣也是一片榮

景，更何況甘蔗和咖啡的種植區域涇渭分明，互不侵犯。大面積的甘蔗園占據平地；而咖啡通常是小面積種植，且偏好山丘地。

咖啡種植擴張的路線不僅於此。1714年葉門蘇丹曾以咖啡樹為禮贈予路易十四；這些咖啡樹隨後被送到波旁島栽種，即今日的留尼旺島。至於印度，英國東印度公司也曾在塔拉斯賽爾伊（Tellicherry，印度西部沿海地區）附近小面積試種，但一直到十九世紀中葉，產量才稍見放大。非洲雖然是咖啡的誕生地，但商業化的種植卻要等到更晚大約二十世紀才起飛。

總之，自十八世紀初以來，西方人就掌握了一切。他們熱愛咖啡，尤其喜歡在大清早來上一杯，所以他們得掌控整個熱帶地區的咖啡生產。至於咖啡的原產地，阿比西尼亞（Abyssinie，衣索匹亞的前身）和葉門，產量反而變得微不足道。在拉丁美洲還有今日的越南，咖啡產量占全球大宗，但最終還是被送往北方的早餐餐桌……。

第十話

茶：耆老

　　說到咖啡，它被人類社會當成消費商品的歷史不超過六百年，而早餐的另一大飲料，茶，可已經有幾千年的歷史了。然而，當十八世紀初，歐洲人如火如荼的在各熱帶地區擴展咖啡種植的時候，茶葉的產區卻還是長期侷限在廣義的大中華疆域內；而且一直要到十九世紀，當時許多歐洲人早上喝茶的習慣已達一百五十年之久了，英國人才挾帶強大的武力，打開了全球茶葉種植的大門。

　　時至今日，仍能透過這三大早餐飲品的種植區塊清晰的看出這一點。咖啡和可可的栽種確確實實走向了全球化，原產非洲的咖啡樹跑到了美洲，而且亞洲也有愈來愈多的人栽種（越南是僅次於巴西的第二大咖啡生產國），相對的，原生美洲的可可樹，現在的主要產地卻在非洲；在此同時，全球大半的茶葉依舊來自遠東地區，圍繞在它的原生國家——中國——的附近，緊接著是印度。茶的消費需求來自全球，然而它的生產儘管歷史悠久綿長，栽種區域卻遠不及消費市場那麼的全球化。

　　儘管咖啡的國際交易量是全球最大沒錯，但最多人

喝的飲料卻是茶。茶大概是全世界消費人口最多的飲料了，僅次於水。茶和咖啡不一樣，最早喝茶的國家也是產茶國，以中國為首，所以茶不是保留給舊有富裕國的飲料。

茶與咖啡還有另一個無法第一眼就看得出來的不同：語音上的歧異。全世界所有語言用來指稱咖啡的字均源自阿拉伯語，同樣的，巧克力則是源自一種墨西哥古語，但茶這個名稱卻至少有兩種不同的拼法，互相較勁。首先是法文拼法「thé」，另一種拼音則以「chaï」為基礎而稍有變異。事實上，茶曾先後兩度往外擴展至全球，但只有第二次跟早餐有關。

名副其實的茶樹

植物學名為 *Camellia sinensis* 的茶樹為多年生香葉灌木——首先要跟園藝觀賞用的另一種山茶花（*Camellia japonica*）加以區分——它是東南亞林帶，包含中國南方在內，特有的區域性灌木叢。茶樹的栽種首見於四川和雲南，時間上可遠溯至西元前一千年。

有關人類如何發現茶樹的神話眾說紛紜。中國傳統上將此榮耀歸於一位農業英雄，神農氏，「農業之神」，他是

比炎、黃二帝更早的三皇之一。人民立廟將他視為農業和醫學的主宰膜拜，因為他同時也專精草藥之學。據傳一天他在一株野生茶樹底下睡著了，時值西元前2737年，一陣清風吹落幾片葉子，翩翩落入他的熱水杯裡。他喝完這杯大自然的即興傑作後，頓時覺得神清氣爽：茶飲於焉誕生。這個典故在兩大經典史籍，《管子》和《莊子》裡皆有記載，這兩部書寫於春秋戰國時代，在漢代編纂成輯，也可歸為道教一派。

中國思想中，佛、道屢屢不同調，故此佛教另有一番說法：茶是一位印度王子菩提達摩創造的。西元前四世紀，菩提達摩遠赴中國弘揚佛法，立誓靜思禪定七年不睡，然而到了第五年，睡意愈來愈強烈，漸生不支。機緣巧合下，他隨手摘下一叢不知名的灌木樹葉放入嘴內咀嚼；茶葉驚人的功效助他完成了心願。日本的版本稍微殘暴些。菩提達摩因為體力不支而睡著，睡夢中還夢見了他以前愛過的女人，醒來後對自己的無能感到悲憤不已，一怒之下，割下自己的眼皮埋入土中，隨後竟長出一叢矮木。他摘下葉子咀嚼：葉子因此具有不讓眼皮閉合的功效。

事實上，茶中含有大量的咖啡因（占葉片總重的2.5-5%）。1827年，化學家烏德里（Oudry）發現茶含有這物質，

一開始他以為是不同於咖啡因的別種物質，當時咖啡因才剛被發現不久。於是有了「茶因」的命名。事實上這個名稱並未完全消失，雖然1838年就已經證實兩者確實是同樣的分子。一杯咖啡大約含一百二十毫克的咖啡因，而一杯茶最多只有八十毫克。攝取量當然得看喝下多少杯而定……茶和咖啡最大的區別在於，提神效果是立即見效或逐漸生效。

茶有別於咖啡，它裡頭還含有單寧酸（多酚氧化酶），能「牽制」咖啡因，延緩咖啡因進入血液裡的時間。所以喝完咖啡能讓人處於極度興奮的狀態下兩到三個小時，而茶對人的刺激相對比較緩和，功效也較為持久。要留心視覺帶來的假象：茶色愈深，並不代表咖啡因含量愈高。日本的「玉露茶」，茶色極淡，但咖啡因含量極高；相對的，福建的紅茶「立山小種茶」，茶色極深，茶味極濃，卻幾乎不含這種興奮物質。

各種證據，無論是文獻或實物，均證實中國自漢代起就開始喝茶了，只是要到唐朝（西元618-907年）茶才成為中國的代表飲品。當時是以水烹煮。也就是在那個時代，詩人陸羽寫了第一本有關茶的專書《茶經》。宋朝（西元960-1279年）則是點茶的年代[1]。直到明朝，也就是西元1368年之後，才開始用水浸泡，泡茶的技藝更由此

百家爭鳴，歐洲人看到的就是這種浸泡的方式。茶的歷史源遠流長，造就出整套豐富複雜的茗茶文化。包含各式農作法、採茶葉或茶苞的技巧、茶葉的製作工序（萎凋、攪拌、殺菁、揉捻、乾燥、渥堆、烘炒……），而後製出各種不同「等級」且極為多樣的茶（黃茶、白茶、烏龍茶、綠茶、紅茶、後發酵茶……），若再加上添加物、不同的沖泡方式、倒茶和品茗的禮儀……這一切建構出的繁複豐富文化，足以媲美歐洲葡萄酒文化。

雖說今日這些專業知識和做法正快速的往外擴張全球，有喝茶悠久文化的人基本上仍不脫廣義的大中華地區，包含韓國、日本和部分的東南亞地區。日本群島在西元九世紀首次與茶相識，到了十二世紀已然發展出屬於自己的一套茶文化，這段時期也就是中國盛行點茶泡法的年代。因而造就出獨崇宋朝點茶技藝，而後自成一路的茶道，將綠茶研磨成極細的粉末（抹茶）用專用的刷子在熱水中攪動至濃稠細密。品嘗抹茶有一套極為嚴謹的儀式，即所謂的茶道，西方人稱之為「茶儀」。這是十二世紀時日本的新興社會階級，貴族的戰士，日本人稱為武士，為了與舊有的皇室貴族有所區別而推崇的一門藝術，因而武士的專業技藝在進行比較古老的茶道禮儀時是不可或缺的。不過，茶道跟早餐沒有什麼關係……。

茶路

　　儘管在漢朝與羅馬時代，從地中海到中國海之間，東西方已有接觸，但仍屬罕見偶一為之的行為，一直到了唐朝才真正的能說有一條「絲路」連通。這是德國地理學家李希霍芬在十九世紀凝鍊出來的名詞，以中國發明的，且一直到我們這個時代初期還維持獨占局面的單一產品來為它命名，足見其中的西方主觀意識。只是這條路同樣也可以叫做「茶路」。

　　自唐朝以來，商隊便長途跋涉運送這項產品，目的地不僅限於南亞，更多的是從雲南、四川運往西藏、中亞、蒙古，甚至更遠。也有人稱這條路為茶馬古道，這條古道的路線比絲路稍稍偏南一些。茶馬古道明白指出往來這條路上的兩大貿易商品。中國人用壓實的茶餅和茶磚，交換皇家騎兵所需的駿馬，因為稻田裡馴養不出這樣的馬。茶葉就這樣傳到了中土之外的周邊地區，那裡的人民於是把茶納入飲食之中。大草原的畜牧民族應該是最早將茶與他們慣常喝的飲料——馬奶——混合的人了，遠比歐洲人早得多。同樣的，西藏人也把茶與犛牛奶混合飲用。不過，這兩個地方的奶茶都是鹹的。

　　亞洲大草原位處舊世界的貿易樞紐，對於茶葉的對外

推廣功不可沒，更進一步將茶推進阿拉伯世界、俄羅斯大草原，直達歐洲東部地區。蒙古帝國時，大約十三、十四世紀這段期間，東西方交易活絡，是茶葉貿易的極盛時期。不過，直至十七世紀，茶才風行全伊朗成為國民飲品。咖啡曾在伊朗風行了超過百年之久。但因薩非王朝帝國（亦稱波斯第三帝國，1501-1736 年統治伊朗的王朝）和鄂圖曼帝國之間紛爭不斷，使得從葉門運送咖啡的道路中斷，間接讓從中亞或印度進口的茶葉有機竄起。

東西方陸上貿易路線留下的痕跡今日仍清晰可尋。那些通過陸路運輸而認識茶的國家都以「chaï」的發音為基礎來為之命名。事實上，單一的一個漢字「茶」，跟其他許多漢字一樣有著不同的發音。就國語來說，即北京話，茶這個字的發音是「chá」。所以茶若是自中國北方，或是經由中國官造運河輸入的話，一般都採用這個發音：例如日文（cha）、越南文（trà）、印度文（chaï）、波斯文（tchây）、土耳其文（çay）、阿拉伯文（chaï）、俄文（tchaï）、斯洛伐克和捷克文（tchaï）、阿爾巴尼亞文（çaj）……。

然而在中國南方，指稱茶樹，和用這種茶樹樹葉泡出來的茶飲的茶字，另有不同的發音，雖然書寫上共用同一個表意方塊字。南部地區的發音為「té」，這是中國南方閩南地區的方言（「閩南語」意指「閩河之南的語

言」），多用於廣東省和福建南部，而當時主要的茶葉出口港都在這一帶，例如福州和廈門。馬來商人就是來這裡批貨然後運往南亞。所以馬來語和爪哇語稱茶為「té」也就不足為奇了。

1606年，荷蘭人率先自東南亞諸島取得茶葉帶回歐洲。他們把它命名為「thee」，由此衍生出英文的「tea」、法文的「thé」、西班牙文的「té」、義大利文的「tè」、德文的「tee」……。所以若以歐洲語言指稱茶的說法來區分，界線很清楚：東邊，經由陸路運輸認識茶的國家都稱之為「chaï」，而西邊，舉凡是透過各國的印度公司，由海運進口茶的國家都稱之為「té」。這先後發展的海陸兩大擴張路線最後終於接上頭。在這東西兩大區塊之間，還有一個緩衝區，在這裡他們不用這兩個源自中文的字根：波蘭人稱茶為「herbata」、立陶宛人也差不多，叫作「arbata」。若將格局放大到全世界，還有一個地方也算例外：南美安地斯山區，當地的居民早在歐洲人來此之前，就習慣飲用另一種富含咖啡因的飲料，後來歐洲人也跟著喝起來了，那就是馬黛茶，所以他們直接用「mate／馬黛茶」來指稱茶。

整體而言，東「chaï」／西「thé」涇渭分明，這條界線見證了世界建構的兩大階段。在歐洲，參與建構的國

家扮演著兩種不同類型的角色：積極參與殖民擴張的一方，也就是地處較西邊的國家，和另一方，東歐國家。有個例外，那就是位處極西的歐洲國家，葡萄牙。葡萄牙人管茶叫「chá」[2]。這個字早在十四世紀時就已經出現葡萄牙，遠比荷蘭東印度公司的船隊把茶帶回歐洲更早。自達伽瑪成功返航之後，葡萄牙人是最早企圖從中國海岸挺進謎樣中國內地的歐洲人。他們沒有在南方港口多作停留，他們的外交使臣和傳教士反而最想與北京的朝廷親近。為此他們必須學習中文來溝通。葡萄牙文的茶應該是最接近中國官方語言的發音。

茶的西化

結果不是從里斯本，而是從阿姆斯特丹，然後倫敦，將喝茶的習慣推展至全歐洲。茶飲普及的時間大體跟咖啡同步，至少就消費的層面上來說，時間上相當接近。也是在十七世紀後半，喝茶的風氣開始從西歐最上流的階級傳開。

法國耶穌會教士亞歷山大‧德羅德（Alexandre de Rhodes，1591-1660）[3]就是開路先鋒。他是位偉大的語言學家，他將越南文拉丁化，奠定了今日越南語的基礎。他在東南亞待了很長的時間（1619-1645），漸漸

喜歡上了茶，他為了創立聖事會（Compagnie du Saint-Sacrement），也就是巴黎外方傳教會（Missions Étrangères）的前身，在 1653 年返回巴黎，開始大力宣揚這款荷蘭人輸入的飲料。路易十四的醫生曾把茶開進藥方，但國王顯然並不太欣賞，直到暹邏國王的使臣柯薩彭（Kosa Pan，1633-1699）獻上一只華麗的純金茶壺後，才引起他的注意。莎布里耶夫人（Madame de Sablière，1640-1693）一肩擔起了推廣的重責大任，她經營的沙龍可說是當時文人爭相前往的著名場所，她很可能是往茶裡添加牛奶的創始者。據傳她非常愛惜她的瓷杯，所以總會先在杯裡倒一點冷牛奶，避免杯子產生裂痕。這個說法來自塞維涅夫人（Madame de Sévigné，1626-1696，法國書信作家，她的信生動的描繪出路易十四時代法國的社會面貌）之口，但她說的話有時不能盡信……。

儘管如此，茶仍未能威脅到另一種以療效著稱的花草茶——「鼠尾草」的地位。路易十四喝下的鼠尾草茶遠比茶和咖啡多得多。1648 年，有一位莫里塞（Morisset）先生在接受巴黎醫學院的博士學位口試時，提出的研究論文裡就提到茶有「讓人神氣清明」的功效。當時的藥草學家跟捍衛鼠尾草的醫生合力將他的研究論文送進了焚化爐。至今仍有非常多的人篤信鼠尾草茶的療效，尤其

是在巴爾幹半島地區。有時候也稱之為「希臘茶」。

茶先風行於荷蘭和法國，之後英國急起直追。著名的日記作家山繆爾·皮普斯（Samuel Pepys，1633-1703）也是倫敦海事委員會的委員，所以他對新事物的敏銳度非常高。他記錄了自己第一次品嘗茶的日期：1660年9月25日。

東印度公司壟斷，加上進口關稅，大大阻礙了茶飲的普及，甚至到十八世紀初，英國一直都得靠大規模的走私茶葉才能滿足市場上消費者的需求，其中瑞典和丹麥的印度公司供應了大量貨源。十八世紀茶的消費噴發，尤其偏好在一日的開始時刻喝茶。我們熟知的英式早餐就是在此時開始有了標準的樣貌。大型莊園宅邸裡規劃有專門吃早餐的房間。至於下午茶則要等到下個世紀才開始盛行，這要特別感謝維多利亞女王的推廣。美洲殖民地要付的關稅更高，這就是1773年爆發的波士頓茶黨事件的導火線（美洲殖民地反對英國東印度公司享有財政特權，憤而反抗，這起事件是日後美國獨立戰爭的序曲）。直到1784年，英國大幅調降了稅賦之後，東印度公司才又重新取得主導權。1800年，在英國，每人每年要喝掉一公斤的茶葉，這在當時已經是全歐最高紀錄。1900年，數字更衝破四公斤。

羅伯・福鈞的財富 [4]

爆炸性的消費成長產生了嚴重的進出口逆差問題。當時中國是茶葉的唯一出口國，但它卻完全不進口。我們看到了，第一次鴉片戰爭血腥暴力的解決了東印度公司的出口逆差問題。但就長期而言，將茶樹引進大英帝國的殖民地內種植才是最終的解決辦法。

南京條約簽訂，鴉片戰爭結束後，英國東印度公司派遣植物學家偷偷潛入中國尋找茶樹。其中最為人知的一位當數羅伯・福鈞，他於1842年首次抵達中國。但成果最為豐碩的則是1848年的那次探險。他成功的運出二萬株茶樹到印度。據他自己的說法，在這次的運送過程中，他改裝成有錢的中國大爺，帶著隨從，該書於1852年被翻譯成法文，書名為《茶與花之路》（*La route du thé et des fleurs*）[5]，書中描述了驚險又刺激的探險過程，同時也見證了在大英帝國強權壓迫下逐漸崩解的中國社會。

十九世紀中葉，印度茶葉的產區，一路從阿薩姆、大吉嶺周邊擴展到錫蘭，後者在1815年被納入大英帝國。很快的，英屬印度（1858-1947年間被英國殖民的印度地區）栽種的茶已經把中國茶踢出英國人的杯子了。

於是在二十世紀初，儘管茶樹的種植並非一定要在

熱帶或亞熱帶地區，依舊形塑了一個非常近似咖啡產地圖的茶葉產區分布圖。因此，為了滿足消費大國如俄羅斯的需求，喬治亞和亞塞拜然也開始種植茶樹。亞速群島也有零星栽種（果利安納茶〔chá Gorreana〕和波多福爾摩沙茶〔chá Porto Formoso〕），更讓人驚奇的是愛爾蘭人譚姆‧歐布蘭（Tam O'Braan）根據羅伯‧福鈞留下的論文試種，竟然在蘇格蘭高地山麓一處微氣候帶的山凹地戴瑞歐克區（Dalreoch，蘇格蘭西部敦巴頓州的一區），成功的培育出白茶；不過這些地區的產量始終無法放大。每年鄰近赤道地帶產出的五百萬噸茶葉才是大宗。茶葉的故鄉，中國南方，產量依舊居世界之冠，這跟咖啡和可可的情形大相逕庭。另一大生產區是印度次大陸；印度是第二大生產國，而斯里蘭卡位居第四。肯亞是大英帝國的另類遺產，產量穩居第三；位居第五的土耳其，產量只占全球總產量的5%。其他生產國（日本、越南、印尼、泰國……）也大抵都是有悠久茶飲習慣的地方，這些地方得利於氣候上有明顯的雨季，熱帶地區的溼熱特性甚至可將產區往上延伸至中海拔高地地區。

中國是唯一種有全系列各式茶種的生產國，也不斷改良創新諸多品種。值得注意的是，肯亞是最先栽種紅茶成功的國家，也是第一個紅茶出口國，不過只比中國

早一點點而已；最常見的英式早餐茶，茶包的原料大多由肯亞供應。之後烏干達、馬拉威和阿根廷也曾循此模式種植，只是產量不多。這樣的生產型態大體與咖啡的生產消費地圖相符；南方種，北方喝。但對其他的茶葉生產國來說，這只能說是部分正確。換言之，大宗的茶葉進口區域都位在北方。歐盟是第一大進口區（進口全球產量的23%，其中光英國一國就占了將近一半的量，即11%，如果英國還算歐盟國家的話），俄羅斯名列第二（13%），然後是美國（7.5%）和日本（4%）。

剔除掉中國（中國的確是個大例外），北／南的這張分界圖，大體上對茶葉這項作物來說也算適用。

▶▶　第十一話

最佳配角：巧克力

　　今日，早餐桌上的杯子裡，多是咖啡和茶兩雄爭霸。巧克力在這裡指的當然是液體的熱可可，似乎比較像是傳統的兒童飲品。而且，在眾多新產品的排擠效應下，熱可可好像也顯得有些過時。巧克力這近似局外人的角色其實是新近二十世紀初形成的，它其實很努力的奮戰了很長一段時間。巧克力裡面的可可鹼成分，屬於甲基黃嘌呤類，功效近似咖啡因，具有擴張血管和刺激心跳的效用，所以多少能讓人感到身心舒暢。這也說明了為什麼這款熱飲在新型早餐興起後的前一百年間，還能夠保有一席之地。

　　可可是原產自美洲的飲料，但風行全球的液體狀巧克力，以及到了十九世紀搖身一變成為隨手可食的固狀零嘴，都是加入原產自亞洲的糖調和出的混合成品，而在墨西哥，可可卻是添加了多種添加物並與牛奶一同混合食用的食物。沒有人知道是哪位先賢福至心靈，竟然想到了把巧克力和糖混在一起飲用，造福後世至大啊！推測這個飲用方法很可能出現在十六世紀的西屬安地列斯諸島，當時那裡也開始生產蔗糖，雖然某些墨西哥民

間傳言把這項榮耀歸給了來自瓦哈卡（墨西哥南部地區）的首批聖衣會教士。當時美洲的印第安人傳統上會在可可裡添加非常豐富的各色香料，尤其是辣椒；如今這些添加物中只剩香草偶爾出現，用以增添巧克力的香氣；香草也是美洲的原生植物。

西式混搭

　　人工栽種可可的歷史幾乎跟茶一樣源遠流長。至少可以追溯到西元前一千年，考古證據顯示，奧爾梅克文明時期人類已經知道把可可豆磨碎製成飲料喝。野生可可樹最早可能生長在亞馬遜河流域。跟在很多很多年以後的咖啡果實一樣，人類最早食用的是包圍可可豆的果肉。洪堡德（Alexander von Humboldt，1769-1859，德國自然科學家，近代氣候學、植物地理學、地球物理學的創始人之一）曾記載，奧里諾科河（南美洲第三大河，是哥倫比亞和委內瑞拉的界河）上游的印第安人就是以可可果實的果肉為食。可可豆也可以榨油，也就是我們現在所謂的可可油脂，用來當作點燈的燃油。

　　然而可可樹的種植似乎是中美洲獨立創新之舉，時間大約在西元前不久，奧爾梅克文明的末期。可可這個

字大概也是此文明留下的遺產:「Kakau」可能源自墨西佐語(Mixezoque,墨西哥印第安人語系之一),也就是奧爾梅克文明通用的語言。中美洲的各種語言,其中包括納瓦特語在內,也就是阿茲特克人的方言,都源自墨西佐語。阿茲特克人而後教西班牙人認識了「cacahuatl」,逐字翻譯就是苦(xacalli)汁(atl)之意,也有別種字源說法,認為「cacahuatl」指的是「攪拌的飲料」。於是,今日全球各地的語言都有了這個源自墨西佐語的字:巧克力!

歷經三千多年,慢慢琢磨了一套繁複異常的可可豆加工程序:發酵、乾燥、烘焙和研磨等階段,才能得出這麼一杯提神,醉人的飲品。說到這日積月累、日趨繁複的加工程序,馬雅人應該是貢獻良多。科潘遺址[1]一座墳墓出土的陶壺,裡頭殘留的物質中驗出了咖啡因和可可鹼的分子,毫無疑問,這是已知最早的巧克力殘存痕跡。可可果的價值不僅於此,中美洲不同的族群間也拿它們當貨幣使用,用來繳稅或買奴隸。

一開始,苦苦的巧克力引不起西班牙征服者們的興趣。直到十六世紀中,添加了糖之後,才在新西班牙的西民後裔族群中風行。然而,在此地的新移民多半還是持著摒棄的態度。在好幾份文獻中,甚至拿這種讓人感到疑懼的深色液體,跟穢物相提並論。雖然它跟茶和咖

啡早期一樣，同樣面臨了人類對於新事物多半自然會有的抗拒和疑慮，但從十六世紀末起，可可在安地列斯諸島造成的風潮還是吸引了當地人從事可可樹的種植。到十七世紀中葉為止，可可的貿易主要仍侷限在美洲境內。荷蘭海盜還在 1630 年成功的說服了西班牙船隊把船上載運的可可豆全扔進海裡，把可可豆與「山羊屎」相比擬，跟上個世紀哥倫布見到可可後的第一個反應差別不大。直到 1700 年左右，歐洲對巧克力的需求 —— 尤其是西班牙 —— 才開始出現大幅的增長，南生產北消費的地理樣貌出現雛形，持續至今日。至此，可可的種植才開始往熱帶美洲以外的地區擴張，特別是在非洲和印度洋諸島。

可可果實最早雖是由征服阿茲特克帝國的柯爾特斯（活躍中南美洲的西班牙移民者，素以摧毀阿茲特克文明而出名）於 1528 年帶進歐洲，卻一直要等到 1585 年，第一批貿易貨櫃才抵達塞維爾。讓新西班牙的原住民飲料華麗變身的首要功臣當推在當地傳教的各個教派，這也說明了何以歐洲最先飲用熱可可的地方是修道院。熱可可很快的就風靡了全西班牙。卡德隆（Pedro Calderon，1600-1681，西班牙文學黃金時期的重要人物）和蒂爾索‧德莫利納（Tirso de Molina，1579-1648，西班牙劇作家，唐璜的原型即出自他的作品）的喜劇橋段，特別強調為客人奉上熱

可可是非常重要的待客之道。可可在西班牙的盛行時期，出現了許多新的添加物，最重要的是牛奶。在十八世紀，喝熱可可的風氣是如此的盛行，以至於《百科全書》的「西班牙」條目下方寫著：「西班牙人若少了熱可可，等於我們沒有麵包吃那般的悲慘。」時至今日，西班牙人的傳統早餐依舊是熱可可加吉拿棒，兩樣都是西班牙人自古以來的最愛：炸物[2]和巧克力。

十七世紀初，西班牙在義大利擁有相當大的勢力版圖，義大利順理成章的，繼伊比利半島之後，成為可可第一個征服的地方。義大利的可可商人很快的就在全歐洲建立起響亮的名聲。因為奧地利安娜公主的關係，法國王室肯定嘗過這款新飲品，安娜公主是西班牙國王菲利浦三世的女兒，1615 年嫁給了年紀輕輕的路易十三。熱可可真正在法國站穩腳跟還是得等到 1657 年馬薩林主教從義大利找來了兩名「廚藝精湛的廚師」之後，據葛拉蒙元帥（Maréchal de Gramont，1604-1678，法國軍事指揮官）的說法是：「前來製作當時在法國尚不為人熟知的熱可可、茶和咖啡。」1660 年與法國國王路易十四聯姻的新任皇后瑪麗亞‧德蕾莎，也是西班牙人，她每天早上都要來一杯由女僕精心為她調製的熱可可，也因為該名女僕操作磨豆機的技術了得因而得到「莫林娜」（Molina，法

文的磨豆機叫「Moulinet」）的暱稱。

　　1680年法文字典首次出現「巧克力」這個字彙。當時最能代表當時上流貴族生活的塞維涅夫人，在她寫給女兒克里紐夫人的信裡把對巧克力的迷戀複雜情緒描寫得活靈活現。有時候，侯爵夫人忍住不喝巧克力卻又直呼說自己快死了，又擔心女兒在1670年前往里昂的旅途中，萬一買不到巧克力該怎麼辦；幾個月後，她在1671年5月的另一封信裡寫道：「我懇求您，我親愛的善良又美麗的女兒，千萬不要再碰巧克力了，我個人跟它槓上了。」儘管如此，同年10月28日，塞維涅夫人的態度卻出現了一百八十度的大轉變：「我要跟巧克力和解，我覺得它讓人開心。」她也給這個飲料冠上未經求證的後遺症：「柯埃特羅根侯爵夫人懷孕期間喝了太多巧克力，結果生下一個跟魔鬼一樣黑的小男嬰。」無疑是對懷孕婦女「欲求」過度的委婉說法。的確，當時背後有許多人閒言閒語的暗指，柯埃特羅根夫人每天的早餐都是由一位年輕的僕人負責送去，皮膚黝黑而且魅力十足。

　　巧克力可能是經由法國，也可能是從西屬尼德蘭[3]傳到英國。皮普斯在他著名的日記裡記下了他第一次品嘗喬克力（「jacolatte」他是這麼拼寫的）的情況。查理二世加冕典禮結束後的第二天清早，也就是1661年4月23日：

他說：昨夜狂歡宿醉的後遺症被它一掃而空。於是自克倫威爾（Oliver Cromwell，1599-1658）[4]奉行清教教義以來，倫敦又再次體驗到了近似肉體的歡愉，而這個「印第安島國來的蜜液」也因為被冠上催情春藥的名號而名利雙收，有許多倫敦當時流行的歌曲可以作證。西屬尼德蘭之所以會被提起，多半是為了解釋比利時巧克力之所以百年來始終享譽國際確有其淵源，不過瑞士對巧克力的偏愛應該也是從西屬尼德蘭傳入的。說到瑞士巧克力傳奇，就不能不提把巧克力引入瑞士的蘇黎世市長亨利・艾契（Henri Escher），他很可能就是在布魯塞爾第一次見識到了巧克力的功效。

十七世紀末的初相識階段結束後，接下來的一百年間，巧克力確認了自己在早餐飲料的地位，最起碼在當時，它跟茶和咖啡不分軒輊。有時候，有些人也試著混合調製新口味。杜林的有錢人就混合了咖啡和巧克力，再加上大量的糖和牛奶，調配出「bavaries／牛奶巧克力咖啡」，在歐洲造成一股風潮。伏爾泰就是其信徒，深信這款飲料應該就是卡布奇諾的前身。然而，他筆下的憨第德造訪威尼斯時，大文豪讓他喝的卻是純巧克力。

年輕時在西班牙住過一陣子的查理六世（未能登上馬德里皇位的可憐王儲）[5]在1711年將巧克力帶進了維也納宮

廷。1740年繼承他大位的女兒瑪麗亞・泰瑞莎每天早上都跟她的丈夫和孩子一起喝。繪於1760年的一幅作者不詳的水彩畫見證了皇室早餐的天倫之樂，該畫如今收藏在維也納的藝術史博物館內。

至於法國，晨間喝巧克力的習慣要從攝政王（法王路易十五年僅五歲登基，最高法院指定奧爾良大公擔任攝政王輔政，從1715年到1723年）開始說起。他在緊鄰臥室的小客廳接見一天中最早的訪客，這些訪客也因此獲得「准予進入王子巧克力室」的殊榮。「巧克力」差一點成了法文的早餐，取代了現今的「petit déjeuner」，因為巴黎人吃「petit déjeuner」的習慣要等到一百年後才確定。巧克力在法國的普及，移居巴約納（Bayonne，法國西南城市，臨大西洋）[6] 地區，改信天主教的伊比利猶太移民居功厥偉。

此時，巧克力再次橫渡大西洋，這次的目的地是未來的美利堅合眾國，而非重返墨西哥。說到這裡，就不能不提一位愛爾蘭人約翰・哈農（John Hannon）了。他在麻薩諸塞州尼龐西特河旁的風車磨坊裡設立了第一座巧克力工坊。1783年美國獨立，當時的首都費城已經有四座巧克力工坊，紐約也有三座。湯馬斯・傑佛遜曾寫道：「從身體健康和食物營養的角度來看，巧克力很快就能在美洲取得跟咖啡和茶同樣的優勢，一如它在西班牙的地位。」

　　儘管如此，也毋須高估巧克力的消費量。研究巧克力的歷史學家尼古拉·哈維奇（Nicolas Harwich）估算，到十八世紀末為止，全歐洲大約每年喝掉八千至一萬公噸的熱巧克力，等於是今日全球產量的0.3%左右。法國大革命前夕，拉瓦節（Antoine Lavoisier，1743-1794）[7]曾針對巴黎的食物供應進行調查，巴黎在當時應該算得上是巧克力的主要消費區，數據顯示巴黎市每年的進貨量（凡爾賽宮和王室的消費不計在內）大約是一百二十噸，換算下來每位巴黎市民平均消費二百公克——在當時來說這個數字已經是很不錯了。

創新的固體狀

　　一直到十八世紀末，熱飲形式的巧克力，相較於咖啡或茶，在孩童市場上並沒有特別的優勢。事實上，巧克力和孩子的連結甚至比茶和咖啡更少，主因在巧克力長期盛傳的催情功效；因此它比較像是成人飲料。1702年，路易·勒梅里（Louis Lémery，1677-1743，法國植物學家）所著的《食物論》（*Traité des aliments*）依然強調巧克力具有刺激興奮的特性，並聲稱巧克力「有助於激起愛神的熱情」。清早醒來喝熱可可，在當時有著非常清楚

的言外之意，雖然偶爾也有人以能防治性病來為它辯護。根據侯賽特夫人（龐巴度夫人的女僕）的《回憶錄》指出，當龐巴度侯爵夫人尊貴的國王情夫指責她過於冷淡時，她會強迫自己進行食療，菜單上有以松露和西洋芹燉煮的湯，以及數不清的熱可可。杜巴利夫人也會請情夫喝熱可可，而義大利情聖卡薩諾瓦則認為它比香檳更能讓女士進入狀況。薩德（Sade，1740-1814）[8]對巧克力的這項功效態度曖昧；羅蘭‧巴特（Roland Barthes，1915-1980，法國文學家、哲學家，作品對後現代主義影響巨大）就曾指出這一點，因為同一款飲料在《索多瑪120天》（*Cent Vingt Journées de Sodome*）裡是提神振奮劑，到了《茱麗葉》（*Juliette*）裡卻成了墮落毒藥[9]。如果說啟蒙時代是西歐上流社會早餐桌上充斥熱可可的時代，那麼緊接著的下一個世紀，就是晨間飲用熱可可稍稍退燒的時代，讓出了位置給咖啡和茶。不過，大量消費固體巧克力的時代也正是這個時候。說起來也是順理成章，第一座真正算得上工業化的巧克力工廠設立於當時英國殖民貿易的最大商港布里斯托，創辦人是約瑟夫‧弗萊（Joseph Fry），殊不知從此造就了一個貨真價實的巧克力王朝。弗萊家族隸屬貴格會（基督新教的一個教派，十七世紀成立於英國），教會致力推廣巧克力以取代酒。他們特別針對兒童

市場，目的在贏得他們的喜愛後，再向他們宣傳福音，於是有了把巧克力做成糖果的想法；十八世紀末，巧克力熱飲搖身一變，成為一顆顆小圓球狀的巧克力糖。

1847 年，同樣是在弗萊工廠，發明了用模具生產的長條狀巧克力。雖然歐洲南方的天主教世界對於讓小孩子吃巧克力仍然抱持著懷疑的態度，當時一般仍認為巧克力對孩子來說過於刺激，但篤信新教的歐洲北方只在意豐厚的利潤。企業主的網絡遍及英國貴格會和當時在瑞士非常活躍的喀爾文教派，這說明了瑞士巧克力快速崛起的原因，瑞士人很快的就在這些長條狀的巧克力上面畫上了「格子」(格子一般呈長方形)。篤信喀爾文教派的地區果然是推廣格狀條塊巧克力的最佳環境，因為輕鬆一掰就能平均分成好幾等分的格子設計最利於分享，信不信由你。

瑞士巧克力工坊的創新不斷。1879 年，出現了兩大發明，一是牛奶巧克力，發明人丹尼爾‧彼得（Daniel Peter），二是煉乳巧克力，發明人亨利‧雀巢。兩人合作共同創立的公司，以後者為名。工業化大量生產的食品廠，早餐食品界的巨擘，雀巢公司於焉誕生。同年，魯道夫‧蓮（Rodolphe Lindt）發明了一道巧克力的精煉工序，所謂的混漿，能讓巧克力更柔軟綿密。十九世紀

末，尚‧托布勒（Jean Tobler）則把蜂蜜與巧克力結合，推出三角型巧克力，創造了以他的名字為基礎命名的Toblerone巧克力。菲利普‧蘇查（Philippe Suchard）創造了Milka巧克力。在此同時，條狀巧克力也在安東‧布魯特斯‧莫尼耶（Antoine Brutus Menier，1795-1853）[10]的推廣下普及全法國。1870年該公司在諾瓦西耶（Noisiel，位於巴黎東郊）建造了當時堪稱最現代化的工廠，如今該建物已成歷史古蹟。

巧克力從頭到尾一直跟著工業革命的腳步。瑞士公司掌握了全球市場。直到二次世界大戰結束，美國公司才爭相出頭搶食大餅，其中尤以富蘭克林‧克勞倫斯‧馬爾斯（Franklin Clarence Mars）在1923年推出的Milky Way最富盛名，第二次世界大戰期間，美國大兵的戰備儲糧裡一定有它。

固體巧克力的發明把巧克力帶離了早餐餐桌，卻讓它成為點心零嘴的主要材料，特別是孩童的點心。儘管如此，在眾多工業化的發明創新之中，有一項卻是反其道而行。1828年，荷蘭第一家巧克力公司成立，創始人是化學家柯恩雷德‧馮胡騰（Coenraad van Houten），他發明了將巧克力磨成粉的機器。這項創新的技術最先是用來把混合好的巧克力倒入模具內生產巧克力條的，後來才用來製

造水溶性的可可粉，這項專利技術讓馮胡騰的公司壟斷可可粉市場好長一段時間。一直到維多‧奧古斯特‧普蘭在1848年於布盧瓦成立了公司之後，市場上才出現了競爭對手，尤其在孩童市場這一塊，競爭最為激烈。1879年，他開始在自家的產品「全球早餐」（Déjeuner universel），後來改換包裝更改名稱為「普蘭可可粉」的罐子裡附贈小畫片，可說是運用收集手法促銷產品的首例。

十九世紀末，西歐國家絕大多數的城市孩童早餐喝的都是巧克力粉沖泡飲料，反倒是成年人並不時興在早上喝熱可可了——西班牙除外，決定性的關鍵大概是因為巧克力粉泡在熱牛奶裡比泡在水裡更容易溶解吧！出於衛生保健的考量，多建議孩童攝取巧克力和牛奶。

1912年，法國記者皮耶─法朗斯瓦‧拉戴（Pierre-François Lardet）自尼加拉瓜返國後，引進了一款混合了糖、五穀粉、巧克力和香蕉麵粉的調和飲品，並在巴黎創立公司大量工業化生產。他為該產品的名稱傷透腦筋，遲遲無法決定：Banarica、Bacao、Bananose……最後終於在1914年的8月31日以Banania之名申請商標。

首支形象廣告以安地列斯島的原住民女性為主軸，但在當時烽火連天的背景環境下，很快的主角換成了塞內加爾機關槍戰士。遲至十九世紀末，當海運的冷藏技術有

一定的發展之後，香蕉才出現在歐洲人的餐桌上，所以在1914年，香蕉還算是相當新奇的產品，且因為有助於活絡殖民區經濟而受到廣大的歡迎。1931年在巴黎舉辦的殖民區農產品博覽會中，主要的商品攤位上賣的就是Banania。當時的口號「Y'a bon⋯／好吃⋯⋯」始終名列最成功的行銷口號之列，直到殖民政策瓦解，口號才改成大家都比較能接受的：「全家人的早餐。」手持機關槍的戰士在1987年消失了，但先前的廣告口號卻被拉戴創建的企業集團拿來當成自家甜點產品的名稱：「Yabon」。

1960年代，跨國大企業雀巢公司開始在歐洲販售旗下的巧克力飲品Nesquik，該產品早在1948年就打入美國市場了，孩童早餐市場的競爭更趨白熱化。亮眼的黃色瓶身和海報，無疑是從Banania獲得靈感。Nesquik裡面不含香蕉，反倒富含大豆卵磷脂；無論如何，意思是一樣的：讓孩子在一天的開始，攝取添加了活力滿百的熱巧克力牛奶。嬰兒潮和黃金三十年世代的人口成長，足以讓兩大產品雙雙進駐新興的超級市場貨架。但好景不常，二十世紀末，所有的巧克力飲品因為新飲食型態的興起──許多青少年重新審視早餐內容，改吃「穀類」食品──全都面臨銷售衰退的窘境。

▶▶　第十二話

薄荷茶，創造出來的傳統

　　整個西北非馬克里布地區（Maghreb，阿拉伯語，意指「日落之境」、「西方」，今通指非洲西北部地區），特別是摩洛哥、撒哈拉和西非的蘇丹地區，都以奉上薄荷茶表示歡迎好客。這樣的待客之道始終未見擴張普及至其他地方，除了北非菜餐廳和移民家庭之外，此舉從未走出北非。當地人民幾乎什麼時候都喝，尤其是早餐的時候。這個飲食習慣沒有什麼值得紀念之處，看到後面各位就會知道了。事實上，薄荷茶最多只有兩百年的歷史，認真說起來應該是一百五十年左右。它的故事完全就是南北關係的演變和交織史。

興奮癮品未及的西方邊陲

　　喝茶在馬什里克地區（Machrek，阿拉伯語，意指「日出之境」、「東方」）的歷史遠遠早於日落之境。茶這個字在當地的說法就是明證：茶的兩大拼音體系「chaï」和「té」劃分東／西的法則，跟地中海以北的區域劃分相當類似。而且理由也相同。在敘利亞─黎巴嫩文、埃及文或現代的

標準阿拉伯文中，茶都唸「chaï」。因為自十四世紀以來茶都是經由伊朗送抵馬什里克。但茶飲的習慣一直沒有走出埃及境外，更何況，後來不到一百年的時間，咖啡已挾旋風之勢強襲鄂圖曼帝國。相反的，西北非的阿拉伯人說的茶卻是從「té」轉來的：「it-tāy」或「latāy」，與摩洛哥標準語（古時候稱伯伯爾文〔berbère〕）相呼應：「atay」。西邊日落之境的茶都自海上來，由歐洲船隊運抵。

來自葉門的咖啡在十五世紀末就抵達開羅，百年之後，咖啡更是把茶遠遠拋在後頭，攻陷埃及全境。到十七世紀末為止，開羅一直是咖啡貿易的最大轉運樞紐，從這裡分送到歐洲的咖啡，幾乎全來自葉門。十八世紀初，情況翻轉，在1837年已經可以在埃及看到從法國輸入的咖啡，上面標示有「島嶼咖啡」的字樣，也就是說產自新產區安地列斯諸島。十九、二十世紀，咖啡一直是埃及和新月沃土[1]一帶居民最主要的飲品。歐洲人寫的東行遊記，那些流露著濃濃浪漫情調的類文學作品，總是大篇幅的描寫日出之境的咖啡館；說真的，作者對那些在咖啡館內表演的女舞者的興趣也許遠高於對那杯黑黑的飲料。

咖啡打進馬克里布的腳步就疲乏且緩慢得多了。十六世紀到此探訪的旅者根本沒提過它，里奧‧阿非利加努斯（Léon l'Africain）[2]也隻字未提。但1637年，一位

曾前往突尼西亞攝政國³遊歷，名叫丹的牧師，他說：當地販售咖啡的店鋪林立。這麼說來，時間比巴黎和倫敦還早一步呢。但要等到下個世紀，歐洲人慣稱為「摩爾咖啡館」的店才開始如雨後春筍般開立。而要遲至二十世紀，茶在突尼西亞才成為咖啡的強勁競爭對手。茶出現在阿爾及利亞的時間更晚，因此咖啡在阿爾及利亞才能持續保有優勢至今。在法國殖民時期，因為法國人少喝茶，咖啡在阿爾及利亞益發站穩腳跟。

往西進入摩洛哥，法國旅人湯馬斯·勒容德和（Thomas Le Gendre）在 1665 年寫下了這樣一段話：「說到咖啡、茶，無論是唸『thé』或唸『chä』，這個國家的人好像完全不知道那是什麼。」直到十八世紀後半，摩洛哥才加入了興奮飲料的世界。法國領事舍尼埃（André Chénier，1762-1794，法國詩人、外交官，主張君主立憲，法國大革命後被送上斷頭台），在一份1773年的報告裡記下了它們的身影：「摩爾人比較喜歡喝茶，勝於咖啡。」咖啡是在二十世紀初，由歐洲殖民者帶進來的，而且多半是在早餐時喝。但那時，薄荷茶已經穩穩的在摩洛哥扎根了。在大城市裡，早餐來一杯咖啡牛奶是很平常的事，薄荷茶也一樣，一大早就有人喝。愈往南走，咖啡幾乎絕跡，咖啡真的從來沒有走入撒哈拉和蘇丹地區，儘管二十世紀以來，西非已經成為咖啡的重要生產區。

薄荷加茶

　　摩洛哥的茶不是從東邊陸路來，而是走海運進來的，是當時初識中國茶飲的歐洲大使們送給貴族和蘇丹的禮物。舉例來說，1769年時，荷蘭大使進宮覲見蘇丹時就呈上了香水、一箱茶葉和兩箱的糖。茶很快就受到滿朝文武的喜愛，還有名為「Muley Etai」的官員專司倒茶呢。有很長一段時間，茶一直是有錢人家專享的高價商品。1828年，瑞內・凱利（René Caillié，1799-1838，法國探險家）深入非洲，直達通布圖（Tombouctou，西非馬利的城市，位於撒哈拉沙漠南緣），他回到巴黎時獲得了一萬法郎（金幣）的獎賞。這是地理協會頒發給第一位成功穿越撒哈拉沙漠，深入摩洛哥南方塔非拉勒（Tafilalet）這座神祕城邦，而且平安返回歐洲者的獎金。他說：「那邊，最有錢的居民早餐喝的是茶，吃的是麵包和無花果。」為我們留下有關摩洛哥早餐史的珍貴史料。

　　我們的確無法確定，把茶和薄荷放在一起沖泡成茶飲的習慣是否也同樣歷史悠久。但可以確定的是，人們喝香草植物沖泡的飲料已經有相當長的歷史了，其中薄荷是地中海西岸地區最常用的香草植物，而地中海東岸地區常用的是鼠尾草。薄荷缺貨時，也有人用苦艾草代

替，只是沖泡出來的飲料味道稍微苦一些罷了。所以，薄荷茶湯裡稱得上久遠的，或許該說「正宗的」成分自然是薄荷了，或許糖也算是，因為十五世紀後摩洛哥也開始生產蔗糖。

到了十九世紀中葉，喝茶，至少在有錢人家裡，已經是根深柢固的習慣了。1704年以來，直布羅陀實質上已經由英國控制，自1713年簽署了烏得勒支和約（歐洲多國在荷蘭的烏得勒支簽署和約，結束西班牙王位繼承戰爭）之後更有部分在法律上歸其所有，不管怎樣，直布羅陀一直是歐洲與摩洛哥貿易的重要轉運站，交易的商品自然有茶葉一項。確實，只要中國一直是茶葉的唯一出口國，茶葉的價格必然居高不下，但這個情形只維持到1842年中英簽訂南京條約，加上印度的茶葉種植開始起飛，好景結束。產地多元擴展，再加上海運技術進步，帶動了運輸成本下降，反而使得大家記得的薄荷茶起源變得相對的沒什麼意思了。

這個故事的關鍵點是，1853年到1856年間的克里米亞戰爭，當時俄羅斯獨立對抗英國、法國、鄂圖曼帝國和薩丁尼亞王國組成的聯軍。韃靼人（俄國對蒙古人的稱呼）早在十六世紀就把茶帶進了俄羅斯，所以俄文的茶唸作「tchaï」。俄國自彼德大帝起致力歐化，因而在十八

世紀時停止從中國進口茶葉，轉而向英國商人採購。

　　1854年，俄國市場因為克里米亞戰爭而突然關閉，茶商們面臨了大量的存貨過剩問題，且大多留滯在直布羅陀。英國各公司於是大力朝摩洛哥開拓市場。簡單的說，薄荷茶的發明完全是迫於情勢的市場轉移故事。這段史實沒有任何可議之處，不過，只能說這起事件是加快了薄荷茶的生成腳步而已，早在十八世紀，薄荷加茶的演變過程就已經開始了。

　　另一個現象的出現年代就更難認定了：從什麼時候開始，薄荷茶的茶變成了綠茶，還叫作火藥茶（gunpowder）？叫這個名字的起因是該種茶葉的葉子是捲成圓珠狀（中國人稱之為「珠茶」），這種茶原產於中國浙江省，不過在台灣的種植更加發達（台灣珠茶）。因為北非市場需求擴大，英國人開始把這款茶引進斯里蘭卡種植（錫蘭珠茶）。然而不可諱言，直至今日，這種茶葉的主要產地始終停留在大中華地區，因為該茶需要古法焙製。1854年那批本來要銷往俄羅斯的茶葉存貨當然不光只是綠茶而已。

　　薄荷茶的講究喝法、泡茶規範、三套件茶具等等，都要等到十九世紀末才出現文獻記載。自此，薄荷茶遍及整個廣義的西北非，也就是說從撒哈拉到蘇丹。奉上薄荷茶的待客之道是男人的事，客人若推辭則顯得對主

人不敬。在這個水資源稀少又禁酒的地方，這樣的禮儀能在人口密度低的貧瘠地區，織出強韌的社交網絡。地中海東岸地區也可以見到這樣的禮數，但在這塊咖啡強勢的地區，薄荷茶頂多只能算是帶點異國風情的飲料，屬於西邊兄弟的。

從早餐開始，隨時都可以喝的薄荷茶自成一片文化區塊。今日，摩洛哥依舊是中國綠茶的第一大進口國，每年的進口量逼近六萬噸，遠超過日本和俄羅斯。

▶▶ 第十三話

早餐工廠

社會出現新的習慣，就要有新的用具：有了前所未有的飲食習慣，當然會刺激下游餐桌和廚房藝術的發想創新，往上游當然就是農產品加工了。新型早餐的貴族起源隱含的社會階級分界，以及地理源頭的高度文化差異，在在激發了工業和家用器具的想像力。

中國人、土耳其人、阿茲特克人飲用熱飲的習慣確實大不相同，但茶、咖啡和熱可可有一個相通的連結，他們是同一頓飯的重心，這一點讓早餐餐桌有了某些相似之處。

機械化

茶葉、咖啡豆或可可豆有許多共通點，它們不僅全自海外進口，來自遙遠的熱帶地區，而且得經過漫長繁複的加工手續後才能食用。說到這裡，茶葉或許算是例外。但珍貴的咖啡豆和可可豆都藏在果實裡面，果皮、果瓣、內膜或黏質果肉層層包覆，而茶葉採下後可以直接食用。咖啡豆和可可豆，這兩種原產自美洲和非洲的

植物，欲變成今日我們習慣飲用的沖泡飲料，中間需要漫長的技術和食品改良。

相反的，茶只需要將葉片放進水裡就行了，跟泡花草茶的方式大同小異。植物的香氣可以透過各種方法釋放到水裡，有將植物切塊長時間浸泡冷水的沁漬法；或拿植物原料加水煮滾的烹煮法；或用熱水直接往切碎的植物澆淋的沖泡法。今日茶的沖泡方式多採用最後這一種，但前面兩種依然還有人用：現今的日本抹茶用的就是加熱烹煮法。一如巧克力在發展成可溶性的粉末之前，這款日本飲品也有不易調勻的問題，所以必須不時攪動使茶汁綿密均勻。

雖然茶藝如今已是足以媲美釀酒文化的一門複雜藝術，但就算把茶葉多樣的加工步驟、不同的乾燥程序都加進去，葉片捲曲與否，或需要研磨或需要壓軋成磚餅、發酵、煙燻、加入香料等等……，比起咖啡和巧克力的加工處理步驟，採摘下的茶葉的加工製程已經算是少的了。這也是為什麼將這三款飲料輸往海外消費國的進出口貿易，最早都是由先掌握了市場的大型公司所壟斷。茶有所謂的商會，而咖啡和巧克力則是工業化的企業，這些企業常常也是食品業的關鍵要角。

咖啡果實乾燥後，去除果皮和果肉；接著脫膜，除

去烘烤變乾的果膜，果實內的兩顆核仁終於得以現身，此為咖啡生豆。生豆是綠的，不僅不易研磨，更沒有濃郁香氣，所以需要經過烘烤。烘烤技術應該是在十八世紀從葉門傳入的，為的是釋放咖啡的香氣，之後加熱烘焙的技術逐步改良，造就出今日的烘焙技法。選用的咖啡豆本身的品質，和這最後一道加工步驟，即加熱溫度的高低和加熱時間的長短，兩者決定了最後成品的風味和基本價位。

從可可果實中取出可可豆，相對而言比較容易些。通常是採收完後，立即拿鐮刀將可可果實劈成兩半。但接下來的加工程序就相當長了，必須經過先後三次的發酵濃縮香氣，再來是幾個禮拜的日曬或烘乾。這些步驟還不需要借助複雜的機器之力。等可可豆完全乾透後，就可以脫殼。之後就是研磨的階段了，這是為了分離可可脂和可可膏（除去可可脂之後剩餘的可可固形物）。今日，大多採用由數個滾筒組成的液壓研磨機，滾筒一個比一個窄，好讓巧克力更精純。接著加入糖，或其他添加物，好比奶粉。此時巧克力的溫度必須維持在攝氏三十度（呈黏稠的流質狀）到五十五度（超過這個溫度，就會燒焦）之間。不久之前，這道工序還得在「大理石檯面」上進行，在光滑的表面上，以抹刀來回炒動混勻。如今已有機器代勞，

即所謂的「精煉機」，將巧克力不停的反覆加熱冷卻提純，避免產生任何結晶。因此，我們知道巧克力是典型的工業化產品，至少製程的中段少不了機器。

所以，早餐的飲料全都需要——雖然程度有別——特殊的設備和器具才能製造出成品。這些多在一天的第一頓飯喝的飲料，因為消費地和產地相隔千萬里，因而必須經過長途運輸、儲存和加工的過程。比較粗重的加工製程，以蔗糖為例，都是在甘蔗種植區附近進行。收割下來的農作，新鮮的茶葉、可可果和咖啡果實很容易腐壞，所以，無論是現在或以前都一樣，茶葉、可可豆和咖啡豆都是先經過乾燥加工處理後才送上船。在大洋的彼端，過去的思維都是「海上工業」的思考邏輯，就像不久之前我們對原料——礦物和碳氫化合物——同樣來自海外的石化業和鋼鐵業的認知一樣。

前面我們看到了布里斯托在巧克力企業發展史上的地位。同樣的，威尼斯在咖啡的企業化進程裡也寫下重要的一頁，它是咖啡從伊斯坦堡進口歐洲的轉運站。鄰近洛里昂港的南特（Nantes）是法國東印度公司貨物進口的終點站，在法國同樣扮演關鍵性角色。安特衛普、阿姆斯特丹、馬賽、倫敦、波爾多、漢堡……所有跟第一或第二次殖民時期牽得上關係的歐洲大型港口城，全都

曾經是這些熱帶飲料的進口港或加工廠區所在地。

這樣的地理分布隨著這三種產品各自發展的不同而出現了變化。中國茶葉壟斷全球市場的態勢一直維持到十九世紀的前三十年左右。茶葉幾乎都是以最終成品的樣貌裝船出海。長期以來，一直是將茶葉壓製成黑黑的茶磚，以耐得住遠洋航行。茶磚先上了荷蘭東印度公司的船隊底艙，然後換成了英國公司的船。後來，葉片捲曲成珠的綠茶，即所謂的火藥茶，也是薄荷茶的主要原料，開始從中國港口啟程遠行，接著錫蘭也加入珠茶的出口行列。但是一直要等到十九世紀後半，保存技術大幅改良和運輸速度加快之後，此外也得感謝蘇伊士運河的開通，歐洲人才可以品嘗到幾乎全部的茶種。儘管英國的大公司很早就插手茶葉的加工製造，但只有少許進口國設立了茶葉加工廠，而且業務僅限最後的包裝而已：裝罐，也許有些公司也製造茶包。茶葉製造廠從來就沒有創造出什麼大型機器。

咖啡的情況就不太一樣了。當義大利人介紹其他歐洲人認識咖啡之時，他們所使用的沖泡法是從鄂圖曼帝國那邊學回來的。咖啡會先在產地去除外殼：十七世紀時，產地只限於葉門和衣索匹亞，所以義大利人買來的咖啡豆還是生的。烘焙這道手續是在某種特殊的平底鍋

上以手工進行。到了二十世紀中期，還有很多消費者自己在家烘烤咖啡豆，通常也是用這種「平底鍋烘烤」。在普羅旺斯出土的十七世紀末陪葬物中，可以看到這種平底鍋，由此可見，因馬賽鄰近義大利的緣故，普羅旺斯很早就有人喝咖啡了。基本上，環地中海地區，無論是土耳其、阿拉伯或基督教世界，都可以看到一種封閉式的烤爐，類似外加了把手的圓筒，可在火上轉動。烘烤咖啡豆需要一點經驗，飄散出來的香氣是用來評斷豆子是否烤得恰到好處的唯一指標。1960 年代之前，歐洲有許多雜貨鋪已經機械化，它們都用這款封閉式烤爐，讓烘烤豆子散發的咖啡香瀰漫整個街區。大型的工業機器只是改良精進後的精密複雜版罷了。

咖啡豆烘烤完畢，豆子轉為咖啡色，此時必須盡快使用，免得受潮。1970 年代終於發明了足以防潮的包裝袋。結果反而變成消費者自己要磨豆子了。最早，在地中海地區使用的是一種非常古老的食物碾磨器：石磨。後來，在某些沒辦法攜帶粗重工具的族群，特別是游牧民族，開始使用小型磨豆機，基本上呈圓筒狀，直接仿自古早的香料研磨機。時至今日，用青銅或黃銅製成的複製品在馬什里克地區，尤其是在埃及 [1]，特別受到觀光客的喜愛。

　　十八世紀的歐洲，一款底座加裝小抽屜用來放置咖啡粉並加上木頭蓋子的研磨機，大行其道。一開始還屬於珍貴的木製奢華物件，但隨著工業化的腳步，逐漸變成家家戶戶廚房裡必備的常見家電，外型多半呈立方體，木頭機身上加掛把手。它可是 1840 年到 1960 年間標緻公司的一大旗艦商品。

　　到了 1950 年代，居家藝術風潮興起，電動研磨機旋風似的取代了這種木製研磨機，後來工廠大量研磨的咖啡粉產品上市，又淘汰了研磨機，這得要感謝防潮包裝的改良精進，自此所有類型的家用研磨機幾乎全被打入冷宮。今日，至少要六十歲以上的老人家才會記得研磨機手把轉動時的嘎嘎聲響，以及大清早咖啡豆研磨成粉時散發的香氣。研磨咖啡的工作一般都落在家中最有權威的人身上，好比負責三餐的主婦，或是一家之主，家裡的每個孩子都夢想能獲准動手轉轉那把手。

　　相反的，巧克力加工的繁複落在製程的最上游，遠離消費端。可可豆的烘乾和碾磨技術太複雜，均需要借助大型機器，個人、小雜貨鋪或糖果店無法獨力完成。這個情況一直沒有改變，今日，資金雄厚的巧克力公司都從大型可可種植業主那裡進貨，他們拿到的原物料已是經過處理的半成品了。

熱飲沖調

　　「沖調」茶、咖啡或熱可可的程序一般都相當繁複，當然每種飲料的困難程度不一，不過，調理的方法和使用的器具卻頗為相近。首先都要用熱水或熱牛奶，然後最常見的方法就是把原料放進我們稱為茶壺、咖啡壺或巧克力壺的容器內，這些容器一般都附有握把、蓋子和倒出液體的壺嘴，這種容器基本上跟歷史悠久的陶壺非常類似；再將壺中的液體分別倒入比較小的個人容器中。這些動作日復一日，感覺平凡至極，且多半是在早餐時刻進行，但千萬別忘了，這樣的沖泡程序其實出現的時間並不長，總之，在歐洲是絕對稱不上久遠；不過，茶的調理方法和過程，在古老的中國至少可以追溯至唐代（西元七至九世紀）。

　　以可可和茶來說，在終端消費者的飲用階段似乎沒什麼值得大書特書的習慣。先說茶，茶的調理重點在於把很久以前便加工完成的葉子泡開；至於熱可可，因為可可豆的加工處理和添加物的混合等程序太過複雜，所於無法在家裡自行完成。相形之下，除非願意用咖啡粉泡，或選用最近新出品的適用於家用咖啡機的咖啡膠囊之外，咖啡的調理一直有一定的難度存在，需要借助比較精密的機器來完成。

今日，可可粉或各類可可調味系列產品（Banania、Nesquik……）讓我們想喝什麼幾乎唾手可得。馮胡騰的發明大幅簡化了沖泡熱可可的程序。我們已經不再需要像在十九世紀初期一樣，把可可豆磨成碎末，加入添加物——特別是糖——再倒入水或牛奶，然後拿一種專用的攪拌棒不斷的攪動，打出均勻滑順的泡沫。這段技術的演進讓我們看到了因為可可粉的發明而產生的語言字義歧異。今日，如果消費者到雜貨店說要買可可，店家毫無遲疑的必定會給他沖泡用的可可粉。相反的，如果他說要買巧克力，他拿到手的肯定是固狀的產品，一條巧克力或者小包裝的巧克力糖。義大利文「cioccolata」很單純，指的就是液態熱可可，而「cioccolato」則是固狀巧克力。最早「可可」這個字純粹只是指可可樹上取得的原料，一般多呈碎粒狀，沒有添加任何其他成分，這裡說的添加物多為糖。後來出現的加工產品則稱之為巧克力。因此現在我們說早上喝了巧克力或熱可可，其實指的是同一樣東西。

十九世紀的技術革新，使得專門用來沖泡熱可可的巧克力壺成了過時的器皿。現在，我們泡熱可可時，幾乎用不上任何專用器具。現今的家電型錄上稱的「熱可可機」，指的是一種加熱保溫的電氣用品，讓泡好的可可

風味飲，溫度始終保持在約莫攝氏六十度至七十度之間。不過，只要往專賣十八世紀古物的骨董店裡找，就能找到以陶瓷燒製或純銀鍛造的熱可可機，但價格可能不菲。這些用具不太可能廣泛流行，因為熱可可在當時仍是昂貴的奢侈品。要分辨巧克力壺、茶壺和咖啡壺其實並不難，因為巧克力壺的壺蓋上永遠有一個孔，好讓能攪拌出均勻泡沫的攪拌棒伸出頭來。而攪拌棒的形狀是直接仿自美洲印第安人使用的樣式[2]。

家戶用來喝茶的茶具也不算太複雜，總之就歐洲人慣常的茶飲習慣來說，非常單純。沖泡時，唯一需要用力的地方，是將過去很長一段時間裡總是以茶磚型態進口歐洲的茶葉掰碎，這不需要什麼特殊器具，更何況是後來的罐裝茶。唯一的問題是如何不讓茶葉跑進杯子裡。最簡單的解決方法就是濾掉葉片，一開始是借用廚房早就有的濾網，而後才改良創造出專為茶葉用的小濾網。

比較特別的是十八世紀時，英國發明了濾茶器，一種專門放在茶壺裡的小過濾器，這大概是來自中國的影響。雖然說茶壺（在法國一開始我們稱之為「煮茶壺」）不是什麼大不了的器具，但卻可能是價值不菲的奢侈品。拉丁民族國家早餐喝咖啡的人占大宗，喝茶從過去到現在始終帶著階級炫耀的味道，所用的茶具常常是比每天在

用的咖啡壺要高貴得多。十八世紀以來，這兩種壺的形狀逐漸偏離：咖啡壺通常比較高，目的是保溫，而茶壺則偏廣口，好讓氧氣進入提升香氣。

　　咖啡壺不只是用來把咖啡倒進個人容器的大壺那麼簡單，通常它的技術複雜許多，比起泡茶單純的只需要注入熱水，想泡出墨黑咖啡就複雜得多了。咖啡壺源自環地中海地區，在這方面，歐洲人是向土耳其和阿拉伯人學習的學徒。阿拉伯人偶爾也用手沖法，直接拿熱水沖研磨後的咖啡粉，但是直接加冷水、然後再煮滾的烹煮法更常見，大體還會加點糖；這種烹煮法在地中海東岸依然極為常見，今日的土耳其（還有希臘、敘利亞、埃及……）咖啡都是這般烹煮出來的。

　　早在十五世紀，鄂圖曼帝國就已經研發出一種煮咖啡的鍋子，沒有蓋子的（今日土耳其咖啡鍋都無蓋）叫「cezve」，另一種「ibrik」則有鍋蓋，到了十七世紀中葉，威尼斯或馬賽便已有了復刻版。「ibrik」在普羅旺斯語裡變成了「bricou」，詩人斐特烈‧密斯特拉（Frédéric Mistral，1830-1914）[3] 仍不時會用這個字。不過，愈往北，從該世紀末起，大多數的人開始使用一種壺身較高的咖啡壺，這種壺的靈感來自一種附有把手的大口水罐，1685 年法國人給了它咖啡壺的名字。這個壺很快就獲得

了名人的認同：一天要喝上十二杯咖啡的伏爾泰，就擁有相當多的咖啡壺。

　　苦澀的咖啡征服了歐洲人的胃，但咖啡渣就讓人倒胃口了。整個十八世紀歐洲都在尋找過濾咖啡渣的方法，最常見的是，在倒咖啡時，拿一塊細密的布鋪在杯口或壺口；當時滲濾的技術已經萌芽。這種百分之百純歐洲血統的咖啡壺出現於十九世紀初，壺身分為上下層疊的兩個主體，今日的家用咖啡機大體仍沿用此一結構。這項發明要歸功於杜貝華主教（Jean-Baptiste du Belloy，1709-1808，曾擔任馬賽和巴黎區主教），也因此這個壺最早被稱為「杜貝華壺」（dubelloise）。上層容器的底部鑿了許多小洞，能夠攔截咖啡渣，所以只要把水倒進壺裡，水「穿過」小洞滴漏下層容器裡就成了。布里亞—薩瓦蘭（Brillat-Savarin，1755-1826）[4]在他《廚房裡的哲學》（*Physiologie du goût*, 1825）一書中指出，試過所有的方法之後，他說，這是唯一能泡出香醇咖啡的辦法，而不是那種「只有哥薩克人吞得下去」的液體。

　　1825 年之後，有人靈機一動，利用蒸氣上升的特性，調動上下兩層容器的位置。水放在下層的球體容器內加熱，讓咖啡昇華成水蒸氣後再凝結。這就是所謂的加壓壺，這項技術至今日仍廣泛的被運用，尤以丹麥品

牌波頓（Bodum）或英國品牌柯納（Cona）的咖啡機最為
知名，再來就是在法國里昂製造的哈蘭牌（Hellem）咖啡
機，但此品牌已於1978年停產。為了更有效的利用水蒸
氣的壓力，於是有了將水蒸氣強行密封在容器內讓液體上
升的概念，經過十九世紀百年來的無數實驗測試，終於在
1895年有了成果，創造了所謂的「義式咖啡機」。這種鋼
製或鋁製的容器有助於讓咖啡的味道——套句從當時廣泛
流行至今的用語來形容——變得更「醇萃」。

　　相同的原理也適用於較大型的固定式機器，由而誕
生了飲料店家（也就是販賣咖啡的咖啡館）專用的全自動
義式咖啡機。到了二十世紀初，小型的自動咖啡機開始
走入家戶，先是義大利家庭，而後遍及全世界。如今這
個小家電已有取代咖啡壺的趨勢，個人咖啡膠囊製造大
廠大發利市，尤以Nespresso居首；一如它的廣告台詞：
「What else?」

廚房藝術的明星商品

　　除了熱飲容器之外，在眾多的家用早餐器皿中，另
一個在廚房站穩位置的是：烤麵包機。麵包重新加熱的
做法，歷史比新型早餐的出現更久遠。澱粉轉化成碳水

化合物後，麵包變得更甜、更酥脆，更容易消化。有了烤麵包機，放久變硬的麵包加熱更方便也更好吃了。古老的灶爐上其實也看得到麵包加熱的工具，通常是烤網或烤叉。隨著工業的發達，這類工具亦配合著爐台和鑄鐵平底鍋的出現而調整。

隨著歐洲以及美國家戶供電的日漸普及，1900年誕生了第一批烤麵包機，一稱烤吐司機。但之後又等了三十多年才看到烤麵包機變成今日我們熟悉的型貌。首批先鋒部隊於1893年開始在英國和美國市場販售，但一直到了1909年奇異電器公司才發行第一台真正工業化大量生產的烤麵包機。這裡出現了一個非常關鍵的技術革新，也就是1905年發明的鎳鉻合金（此合金共有四種金屬成分，以鎳和鉻為主），它最大的優點在於電力通過時，合金不會產生耗損，鋼則不然。1920年和1930年代，大廠開始著手改良包覆機身的外殼，以免熱力分散，同時加裝計時器和烤好後自動彈出麵包的彈跳系統。第二次世界大戰爆發前夕，這項產品就已經是我們現在看到的樣子了。

當時，吐司麵包比較算是英美文化的代表食物，尤其是早餐的代表主食。在黃金三十年期間，吐司開始往外擴張至所有已開發國家。在1950年代達到鼎盛的法國

居家藝術展，更是把烤麵包機變成當時的明星商品。它帶來的影響當然比不上洗衣機或電視機，但它的出現改變了早晨的飲食習慣，尤其是將吐司麵包引進法國。

　　剛泡好的咖啡香，混雜著烤麵包的焦香：早餐的饗宴先從嗅覺開始。再來就只需要把杯子填滿⋯⋯。

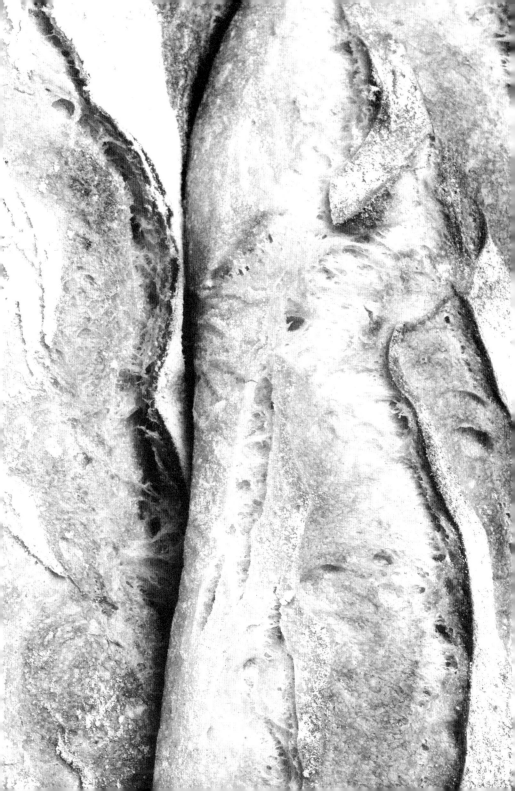

▶▶　　第十四話

瓷杯，舉世通用

　　吃大餐幾乎從來不配熱飲。熱飲都是從一個公用的壺裡分別倒進個人容器內，因此茶壺、可可壺和咖啡壺照理都該配有杯子。這就是晨間餐桌上的全套餐具，通常還要有個糖罐，這整套器皿最早被稱作茶、咖啡或熱可可「必備套組」，一直到十八世紀中葉，法文才簡單稱之為「早餐套組」。路易十六早上喜歡用天然水晶製的早餐套組用餐。

　　熱飲用的個人小容器當然不是一直都用瓷杯。還有它的老大哥，比較普遍、比較高大，沒有附杯碟的大碗。現在，來自美國的馬克杯（mug）更與瓷杯成鼎足之勢。馬克杯有握把，外型較接近瓷杯，且因容量大似乎更適合在一天裡時間逐漸加長，量逐漸加大的飲用習慣，不是只在早餐時喝了。儘管有兩位勁敵虎視眈眈，瓷杯依舊是舉世通用的熱飲器皿，而且歷史源遠流長。

◤ 舊世界多種文化之孕育 ◢

　　歐洲有數國的語言沒有援用義大利文「tazza」一字來指稱喝熱飲的杯子。例如，英文和挪威語的「cup」、

瑞典文的「kopp」、荷蘭文的「kopje」（也會用「mok」一字）、葡萄牙文的「copo」⋯⋯它們均源自拉丁文的「cuppa」。這樣說來，使用拉丁文字根的地區多偏向歐洲北方國家，且多數屬於日耳曼語系，感覺似乎有些反常，唯一的解釋或許是「tazza」這個字的起源：直接借用了阿拉伯文的「tâsa」，而「tâsa」又是從波斯語的「tâs」來的。這個字在西元一千年末葉出現於伊朗，換言之，就是中國瓷器逐漸在當地普及的時候，當然還是僅限於非常高階的社會層級。到了十四世紀，才有文獻記載證實法文有「tasse／瓷杯」一字，當然跟法國與地中海東部地區的貿易發展有直接關係。

早在陶器時代，就直說是很久很久以前的新石器時代吧，已經開始用中間挖空的器皿來喝水了，當然除了水之外，還可以裝湯、酒、牛奶等等，有點近似現在湯碗的定位。「tasse」大體指的是尺寸較小的飲用器皿，但在十七世紀以前，使用的頻率不高。當義大利人從鄂圖曼帝國進口咖啡時，同時也引進了喝咖啡所用的容器，其名稱正是「tâsa」。這個字彙的普及，或者該說它的日常運用，就像在法國一樣，當然不是沒有人知道這個字，但字彙普及的腳步是跟著咖啡的風行才逐漸廣為人知。歐洲西北地區因為茶很快的就占了上風，所以「tasse」這

個字也就不那麼廣為人知了。

　　這個特別的器皿，毫無疑問的來自中國。瓷杯是茶飲文化繁衍的後裔。製作茶壺和茶杯來喝茶，大概也算得上是刺激瓷器發明的重要因素吧。瓷器的發明大約在漢朝初期，西元二世紀的時候。伊朗，緊接著阿拉伯世界都認識了瓷器，全都是為了想喝「chaï／茶」的緣故。而後到了十四、十五世紀，咖啡躍升為中東地區最受歡迎的飲料，這些茶杯很自然的就直接被拿來裝咖啡了，後來才慢慢的加以改良成為咖啡杯。美索不達米亞和埃及早在數千年前就已經有形狀類似的器皿了，當時直接以製作器皿的基礎材料為之命名為：玻璃杯。但它的材質和陶瓷不同，完全不隔熱，所以不適合裝熱飲。很快的，各地便開始用陶土來仿製中國瓷器，也有用金屬材質的，但比較少見。用中國瓷器品嘗咖啡在當時是非常高級的奢華享受，僅限少數權貴專享。隨著顏色墨黑的咖啡愈來愈受歡迎，在當地生產的咖啡杯也跟著多樣發展，終至完全脫離了瓷杯這個範例的原來形貌。

　　的確，隔熱是一大問題。茶一般不時興在滾燙時飲用，尤其是那種沒有發酵，或者只微微發酵過的嫩茶。所以中國人用的茶杯不需要有把手。相反的，咖啡在當時是用烹煮法煮出來的，端上桌時總是滾燙。若直接用大拇

指和食指握住瓷杯，很容易被燙傷。當時用了兩種方法來解決這個問題，大致分別衍生出地中海南北兩岸的咖啡杯造型。第一個方法是維持中國瓷杯的原有形狀，外加一個杯托，杯托本身附有把手。杯托一般多用鑄鐵製造，在阿拉伯文和土耳其文裡叫做「zarf」，如此一來就不怕拿杯子時燙傷手了。但專研伊斯蘭的學者海倫·德絲邁—葛來果（Hélène Desmet-Grégoire）認為這個功能性的因素應該不是發明杯托的唯一理由[1]。瓷杯外套「zarf／杯托」，也帶有將這遠從異國傳來的物品，經過輸入國的特有紋飾花樣包覆之後，轉化成輸入國自家產物的意味。這個方法同樣也在俄羅斯生根，然而這次杯托包覆的瓷杯裡頭裝的是茶，在寒冷的俄國多喝非常燙的茶。再者俄羅斯人喜歡的是一種重發酵的茶，所以必須以非常高溫的熱水來沖泡。

所以歐洲人初見咖啡時，看到的是當地人拿著套了杯托的瓷杯喝。慢慢的到了十八世紀，人們才直接在瓷杯上加了把手，於是有了我們現在很熟悉的外型。歐洲人的另一項發明跟把手同時，而且大概也是基於相同的隔熱理由：杯碟。能夠不用碰到杯子卻能端著杯子到處走，還能擺放為了調勻牛奶和糖必備的小湯匙。這項歐洲的區域性發明，小小的碟子，很符合西方人的習慣，

而且是他們特有的習慣。喜歡在舊貨堆裡尋寶的人還有機會發現一些相當新奇的玩意：歐洲某些地方的陶瓷工廠製造的特色咖啡杯，尤其是義大利和普羅旺斯，有些甚至產自北方的瓷器工坊，這些大約都是十九世紀的工藝品。這類咖啡杯清一色都沒有把手，因為這些產品本來是要銷往鄂圖曼或波斯市場的。

最終，銷售路徑反轉了傳入路徑。

歐洲瓷器，印度公司的子嗣

瓷器，無論是東西抑或字彙都是從絲路傳入歐洲。不過，相對而言，瓷器的普及是比較近代的事，大約是十六和十七世紀之間，而且一直都是沿著千年不衰的路線，橫越地中海由東向西進。咖啡的風行確立了瓷杯今日的主要功用。儘管如此，瓷杯的引進時間算是相當近代了，相較於循另一條路徑，也就是葡萄牙人繞過非洲大陸所打開的海上航線進入西歐的茶飲而言。只是這一次，葡萄牙帆船隊換成了各國印度公司的艦隊，將茶和中國瓷器帶回歐洲。

十七世紀前期，這兩樣商品的交易量都還微不足道：前往遠東的遠洋航艦帶回來的主要商品以香料為大宗。一開

始荷蘭東印度公司只是基於好奇心買下茶葉，同時私心希望能透過此次的茶葉交易替他們打開中國市場。至於瓷器，他們之所以會感興趣，完全是因為它們夠重：裝滿瓷器的木桶放在船艙底層，可穩定船身，再說瓷器也可能會有市場。總之，這是船運常見的做法[2]。數十年後，瓷器才真正風行起來，到了十七世紀末，上流社會已經有很多人用瓷器喝茶了。到了十八世紀，新型早餐逐漸形成風氣時，瓷器早已在餐桌上占有一席之地。

歐洲人很早就知道中國產瓷器，英國人乾脆就直呼瓷器為「chinas」了。跟瓷杯一樣，瓷器進入西方最早的路線也是舊世界的古老陸路。第一位將中國瓷器引進歐洲的榮耀要歸於馬可‧波羅（但稍有順理成章之嫌）：只因一只後人把《馬可‧波羅遊記》的作者冠予其上的中國花瓶，這只花瓶從十四世紀初到現在一直是聖馬可的珍寶。「porcellana／瓷器」一詞無庸置疑是百分百純正的義大利文，最早用來指稱一種半透明的貝殼（寶螺），會這麼叫它，原因在於牠的形貌近似母豬（porcella）的外陰。

由此可見，早在各國印度公司開始瓷器的商業交易之前，歐洲人就已經知道這種東西，並知道它們的產地了。跟其他沒有任何中華文化淵源的社會一樣，歐洲人非常喜愛瓷器。十六世紀開始，仿作的嘗試從未間斷。

雖說這些努力的確改良了陶器工藝的品質，只是一直要等到十八世紀初，歐洲旅行者才獲得了相關的珍貴知識，如基礎原料高嶺土、關鍵性的技術細節、燒窯溫度需達攝氏1200度以上。1708年，鄰近薩克森堡高嶺土礦區的德國城市麥森（Meissen）燒出了第一批歐洲瓷器，工匠名叫約翰・斐德烈・貝特格（Johann Friedrich Böttger，1682-1719，德國煉金術士）。1710-1720年間，第一批在麥森燒製出窯的瓷杯，外型跟阿拉伯瓷杯一模一樣，其實就是承襲了中國的瓷杯樣式，沒有把手的茶杯（但多半附有杯碟）。1730年以後，幾乎所有在歐洲燒製的瓷杯，側邊都加上了彎勾把手。

這樣的瓷杯構造，百年來一直為手作窯坊所沿用：每一道工序都是工匠手作。十九世紀才開始出現脫模生產技術，尤以利摩日（Limoges）最為著名，從此瓷器邁入工業量產階段。當時歐洲對高級豪華瓷器的需求非常旺盛。「早餐套組」的產量相當可觀。一般習俗多會購買餐盤餐具禮盒送給新婚夫婦，其中當然包含早餐餐桌上該有的器皿。1872年版的李特萊字典如是說，這是他第四次選入「早餐套組」一詞：「早餐套組：包含了糖罐、杯子之類器皿的小套件。瓷製器皿組。」

如今，無論是喝茶或喝咖啡，因為馬克杯的崛起，瓷

杯已經不再獨領風騷，說穿了馬克杯只不過是比較高、比較大，底下沒有杯碟的瓷杯。熱飲容器的演變大概跟喝熱飲的時間解構有關，因為馬克杯容易拿著走，所以一整個早上，甚至一整天，可以跟著人不停移動，這也是它容量加大的原因。仔細打量，這個物品並沒有任何創新之處。先就從它的名字說起吧。歐洲大西洋沿岸地區很久以前就使用這類型的杯子來裝熱飲：荷蘭人稱之「moks」。法國西部用了一個古老的字彙來為這種裝蘋果酒的杯子命名：「moque」，至今我們仍能在小說家皮耶·羅狄（Pierre Loti，1850-1923）或是安納托爾·佛朗士（Anatole France，1844-1924）[3]的筆下看到這個字，而且《拉魯斯字典》至今仍收錄。英文的馬克杯「mug」，詞源同屬一宗。

　　大家可能比較有印象的應該是馬克杯的好哥們：「mazagran」。是一款相當高的瓷杯，沒有把手，稍稍近似圓錐形。說到它的名稱就得提到法國出兵阿爾及利亞時的一場戰役，1840年的馬薩格蘭（Mazagran，臨地中海的阿爾及利亞城市）圍城之役：法國軍團之所以能抵禦成功，據傳多虧了一種非常甜並加了燒酒的濃烈咖啡。從後殖民時代的角度來說，這個起源說法不甚厚道，幸好因為這種杯子早已過時，故事也就被遺忘了。

美洲和巧克力分道揚鑣

十八世紀，裝熱可可的容器沒有例外的，也沿用了喝茶、喝咖啡的瓷杯。但是杯子的容量從一開始就出現了區別，到了十九世紀當可可愈來愈傾向變成專屬孩童早餐的飲品時，用湯碗裝熱可可就成了趨勢。

十七世紀的西班牙，早在近東地區的咖啡杯跟著咖啡飲品蔚為風潮之前，西班牙人就多用大型粗陶或釉陶的平底廣口杯喝熱可可了。這種杯子的外型直接承繼了安地列斯諸島和墨西哥殖民者慣用的器皿，通常以椰子殼為素材。椰子殼大體有雕刻裝飾，而且有銀鑄的把手鑲箍於杯緣，好讓嘴碰觸杯子時感覺比較舒適，另外加了杯底基座方便擺放。這種大杯子完全是「tecomate」的複製品，即阿茲特克和馬雅文化時期用木質纖維果實製作的「巧克力杯」。後來西班牙人將原產於印度洋和太平洋地區的椰子樹帶進安地列斯諸島，改以這種更加合適的椰殼材料復刻印第安人的技藝。椰殼的隔熱效果可保持可可溫熱，一方面能讓可可不變硬，同時手捧容器時也不致燙傷。

椰殼在西班牙經常缺貨，西班牙人因而想到用粗陶模仿它的形貌燒製杯子，稱之為「mancerina」；這個名稱

要從曼瑟拉侯爵說起，他是1664年到1673年間的新西班牙總督。為了保溫，人們多在廣口杯緣上加蓋，就像今日南亞地區常見的茶杯。侯爵還有一個小發明，日後發展成廣口杯組不可缺少的一環：在杯碟的中央做出適合杯底基座大小的凹槽；這小小的凹槽能讓杯身穩定擺放，不會浪費珍貴的液體。有時候也會套上源於土耳其和阿拉伯的金屬杯托「zarf」。

唯一沒有離開美洲大陸的早晨熱飲是馬黛茶，它的名字有個頗有趣的由來：來自裝盛飲料的器皿。事實上西班牙文的馬黛茶「mate」一字源自奇楚瓦語（印加帝國的主要通用語言）「mathi」，原本是一種美洲樹結的葫蘆瓜，乾燥後可以當容器。這個容器至今在南美仍非常時興。

如今瓷杯雖然已經是舉世通用的器皿，但外型的差異卻清楚的標示了世界演進的地理面貌。針對這樣的發展，阿爾豐斯・阿萊斯（Alphonse Allais，1854-1905，法國作家）曾打趣說，難道沒有人想過要為左撇子製造把手在左邊的瓷杯嗎？

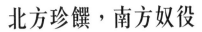
北方珍饌，南方奴役

▶▶ 第十五話

歐洲的早餐，世界的縮影

　　若沒有十九世紀歷史學上所謂的「地理大發現」，就不會有新型態的早餐。要讓這嶄新的一頓誕生，歐洲人必須建立起以全球為格局的大網絡，連結美洲、亞洲和非洲。這一張以歐洲為中心的大網，跟當時歐洲人建構的旋轉星圖一樣，歐洲位處正中央，楬櫫歐洲人掌控世界——至少是相當長的一段時間——的帝國主義侵略計畫。

　　歐洲就這樣躍升世界大舞台。這大規模行動的第一槍，既悲情又壯闊，就是1494年在托爾德西利亞斯（Tordesillas，西班牙城市）[1] 簽訂的瓜分世界協議：一半屬於西班牙，一半給葡萄牙。百年之後，歐洲北部的商人，最早當推荷蘭商，緊接著英國、法國和其他國家紛紛加入，合議強占由這兩個伊比利半島國家建立的貿易網絡。除了長久以來只有歐洲強權競逐的海上霸權之外，當時大多數的民族群體還尚未受到此野心之戕害，唯美洲例外。

　　無論是早餐還是殖民，歐洲既是一個群體也是多個個體。從特隆赫姆（Trondheim，挪威城市）到巴勒摩，從里斯本到華沙，晨間的飲食習慣，無論是質與量都不

相同。雖說歐洲人吞併部分熱帶地區改變了整個歐洲的飲食樣貌，但野心勃勃朝海外發展的主力國家幾乎集中在大西洋沿岸。然而，幾千年來一直是古老通商陸路西進終點站的地中海，在 1492 年或 1498 年開始沒落，那是因為隨著哥倫布和達伽瑪的航海大冒險，跨洋的海路軸心區崛起的緣故。費爾南‧布勞岱爾（Fernand Braudel，1902-1985，法國史學家）常說，十六世紀是地中海貿易的全盛時期。咖啡走入歐洲就是這些古老商路的榮光見證。

舊大陸上不同族群的多樣面貌，有很大部分的成因在於他們分居不同的地理位置，而這個地理差異也反映在早餐的多樣性上。

▶ 三大飲料、三大入口、三大區域

從兩種刻板印象說起：義大利人說話連珠炮似的還比手畫腳，面前是多得數不清多少杯的濃縮咖啡；他對面的英國人則高冷務實，靜靜的啜飲手上的一杯茶。保羅‧哈薩赫（Paul Hazard，1878-1944，法國史學家、大學教授）很早（1935 年）就在他的傑作《歐洲意識危機》（*Crise de la conscience européenne*）裡給了這樣的速寫，各個不同國家

人民的漫畫版印象多在十八世紀成形，也就是民族國家以現代熟悉的面貌逐漸凝聚生根的時候，某些政治學學者稱之為「威斯特伐利亞國家」（1648 年簽訂的威斯特伐利亞條約[2]從十八世紀到二十世紀的第一個十年為止，各國紛紛編修自己的國家歷史，當然少不了加以美化雕琢，塑造特有的國家認同特色：童話和傳奇、民俗音樂、民族服飾、風土文物、居家建築……統統都被認為是自己的傳統，而且歷史久遠以致無法考證[3]。但沒有任何東西比每天吃的食物更能代表一個民族的自我認同了。今日，光是生乳起司就能推翻一項國際協議……。

歐洲各國的驕傲，雖已塑造深耕了百年之久，但卻一點也不在乎早上這一餐。難道是因為他們深深明白這些喝了會上癮的飲料百分之百的異國根源，所以打斷了將它們歸入國有文化的念頭？的確，英國人幾乎就要認定自己是唯一真正懂得泡茶品茗的民族，但這樣說可能會招來中國人戲謔的反嗆：他們說的是同一種飲料嗎？無庸置疑的是，英國人是唯一喝茶加糖又加牛奶的民族。咖啡算是地中海沿岸國家人民的傳統飲食嗎？咖啡的最大消費國是瑞典，不僅平均每位國民喝下的量冠居全球，對品質的要求同樣舉世第一，他們購入的最高級阿拉比卡咖啡量高過其他國家（同樣以人均消費為基準）。

反而是一日當中的另外兩餐，午餐和晚餐，才是帶有國家認同的大菜（匈牙利燉牛肉、英式烤牛肉、比利時啤酒烤肉⋯⋯若要一一詳列，可是沒完沒了）上場的場合。飲料方面，各國也是毫不遜色，尤其是酒類飲料（在此我們就不詳列了，木桶深不見底啊！）。

各級政府無不使盡全力，爭取食物方面的文化遺產認證，認證後好像就前程似錦了，就像《法國美食》（*repas gastronomique des Français*）於 2010 年被聯合國教科文組織（UNESCO）列為非物質世界文化遺產，但是沒有國家費心用早餐食物來申請。光是託詞早餐歷史太短，並不足以解釋各國的漠視，因為各國或各地認同的習俗，其實並不像國家主義分子或地區自治分子所聲稱的那樣久遠，只有極少數擁有悠遠的歷史。

法國專業級料理可回溯到路易十四在位時期，比起以異國飲料為主軸的新型早餐，頂多只早了數十年的光景，重點是當時早餐仍只是少數人專享的一餐，也就是西歐最有權勢的階級。各國早餐食材差異甚小的特質，或許是一個比較能讓人信服的解釋，但這種說法也不全然正確。早餐桌上的茶、咖啡、可可各代表了一份地圖，而這些地圖訴說的是一段關係錯綜複雜的史話。

雖說義大利不是世界最大的咖啡消費國，但義大利

人跟這小小一杯的墨黑液體之間的關係卻非同小可。這一點舉世公認無庸置疑，或許只有那些仍用烹煮法（土耳其式）煮咖啡的國家會有異議吧。以咖啡為主打商品的速食連鎖餐廳，緊跟著以漢堡、披薩或炸雞為主的速食連鎖餐廳的腳步，在世界各地快速展店，明明是在美國起家的企業，飲料品項標示卻都是義大利文，卡布奇諾（Cappuccino）、長萃義式黑咖啡（Lungo）、濃縮咖啡（espresso）和精萃濃縮咖啡（ristretto）。故事要從十七世紀說起，也就是義大利人開始往北方和西方推廣咖啡飲品、咖啡沖泡法和咖啡器皿的時候。在此同時，他們也把土耳其－阿拉伯國家的一項發明帶進了歐洲，也就是咖啡館。今日，世界大多數販售這款飲料的商鋪都叫「café」，也是從義大利文轉換過來的。正因如此，廣義的大南歐區域——也就是說不僅限於地中海周邊，包含了法國、比利時和大部分的德國地區——還有東歐甚至北歐人民每天早晨喝的都是咖啡。

相對的，茶卻沒有跨過地中海深入歐陸，而是之後隨著蘇伊士運河的開通，大型英國公司掌握了所有加工製程之後才進軍歐陸。很久很久以前，茶先是沿著絲路西進的，從俄羅斯人消費的最大宗飲品是茶（不是伏特加）就可以證明它是直接受到亞洲的影響。也是在這裡

發展出了一種大型茶炊（samovar，俄文直譯是「自行加熱壺」），它沿襲了蒙古的燒水壺，可以讓喝茶的人直接往茶壺裡灌滿熱水，也可以關掉開關，停止它往茶炊上的小茶壺內泡好的濃茶裡添加熱水。這項家庭器具也傳入了伊朗和土耳其。照理說，蒙古人愛喝馬奶茶的習慣應該會帶領他們走上喝奶茶之途，但基本上俄國人喝茶不加牛奶者居多。至於糖，很早就已經出現在俄羅斯人的茶杯裡了，或許是受到西方或南方感染。

茶依舊是歐洲大西洋沿岸地區的標竿飲品。雖然先鋒進口商是荷蘭人，英國東印度公司在十八世紀初就後來居上，成為第一大進口商了，要特別說明的是，它是官方版的第一大進口商，因為走私品很快的就加入競爭爭利。這部分史學家難以獲得數據。英國政府眼見國人對茶的迷戀逐漸升高且不見退燒，於是急忙加重茶葉進口稅賦，藉以美化財政大臣帳面數字，此時，瑞典和蘇格蘭的遠洋企業，當然還有荷蘭、丹麥和法國等多個公司也紛紛趁機加入走私牟利。大家應該都記得這個加稅的政策點燃了美國獨立戰爭的導火線：提高茶葉稅，兼以獨厚印度公司的豁免措施，再加上未獲得殖民地區人民的同意——因為他們在西敏寺的國會沒有代表——終於爆發波士頓茶黨事件（1773年），為美國人的武裝起義揭開序幕。

十八世紀是晨間喝熱可可的全盛時期，之後熱可可就一直是西班牙單一國家的標竿飲料，一般多搭配炸物，尤與著名的吉拿棒搭配風味最佳。無須再贅述，今人熟知的可可是西班牙帝國將美洲印第安傳統飲料加以改良的樣貌，加入蔗糖調味也是西班牙人的創新。想當然耳，將可可引進歐洲的也只可能是西班牙人了。

所以有三大主要進口城：按照時間先後排序，分別是引進可可豆的塞維爾、咖啡的威尼斯和茶的阿姆斯特丹，但阿姆斯特丹很快就被倫敦給取代了。歐洲各國不同的殖民路徑反饋在歐洲早餐分布的地理區塊上。這種如鏡子反射的事實呈現一直持續著，因為每一個殖民霸權多少都把自己的飲食習慣宣揚到了海外殖民地。所以開普敦一如阿克拉（Accra，西非國家迦納的首都），百慕達一如吉隆坡，人們早上多喝茶。而且當地人喝茶一般都會加牛奶和糖。茶在印度，尤其是早上喝的茶，卻引發了國家認同的爭端：國家主義分子意欲否定印度奶茶（massala）裡所有的英國元素，所以另外添加許多香料，像是荳蔻、薑、丁香（印度文「massala」原本就有混合之意），甚至直接把糖和牛奶加在茶壺裡。在東印度公司入侵之前，印度人偏好中國茶。大英帝國過去的殖民地，還有如今回歸中國的香港以往皆然。今日的香港可以看

到中英式茶飲雜陳，而且略帶政治意涵。喝英式茶等於是在凸顯對當地的認同（只要帶著一把象徵香港自主派的雨傘喝），相反的，喝中國茶當然就等於表態支持回歸啦。

相對的，在法蘭西帝國的殖民區，人民喝的第一首選當然是咖啡。到了非洲的法語國家，隨便在哪個計程小巴的停靠站（taxi-brousse，在非洲往來城鄉之間的叫客計程小巴，六到十五人座不等）都能看見，特別是在早上，許多小攤子叫賣熱咖啡（即溶咖啡），通常會加煉乳，搭配法國長棍麵包。這對許多當地的趕路人來說，是一大美食饗宴，但看在都市生活較久的人眼裡，就是平常的一頓早點罷了。

北與南，早與晚

歐盟的跨國企業每每在安排視訊會議時，都會覺得有些棘手，問題的癥結不像和世界其他地區開會一樣是因為時差，問題反而出在日常生活作息上。斯堪地納維亞地區的人八點上班，中午十二點迅速吞下三明治果腹，下午四點下班，晚餐最晚六點就開始吃了；相對的，西班牙人九點開始工作，下午三點才吃午餐，飯後午休至五點，晚上九點到十點才吃晚餐。馬德里政府目前正極

力推動國民作息「歐洲化」，但成效相當有限。這樣的南北差異顯然與自然日照和氣溫因素息息相關。伊比利半島夏日炎熱的午後不適合任何活動，相反的，能好好享受入夜的清涼該是何等的愜意啊！哪怕明天得起得夠早，才能趕在烈日高照之前出門上班。超過北緯五十五度（大約是丹麥南部）的地區，最先考慮的卻是長夜無盡的漫長冬日，當然不想浪費短暫的白晝時光。

日常作息的差異對早餐當然有影響，但對用餐時間的影響卻遠低於對食物攝取量的影響。從全歐洲的角度來看，早餐也許是用餐時間最一致的一餐了，大約落在七點到九點半之間。相反的，北方的早餐食物卻遠比南方豐盛，因此北方人用早餐的時間也比較長一些。這跟晚餐的相關性並不大，比較是出於個人自願的選擇。就算西班牙人吃晚餐的時間確實是創紀錄的晚，但仍不脫全南歐一般整體的慣常時間表：晚餐比較晚吃，且吃的東西比北邊豐盛得多。這是一日當中最重要的一餐。在午餐不若以往那般受到重視的國家裡，例如法國和義大利，因為「全日不中斷」的概念（亦即在上班時間內盡量縮短工作中斷的時間）逐漸普及，加上社會日益都市化，團聚共餐和攝取熱量的主要責任於是轉移到了晚上。不過，晚餐在以前就一直是相當豐盛的一餐，而且吃得相當

晚。北方人的晚餐習慣完全相反，他們吃得比較清淡，而且多在傍晚開始吃，所以吃得比較早。

如此一來，明顯的南北差異必然也影響到清早食欲的地理分布。北方人清早起來飢餓感當然遠比南方人強烈。營養學建議每天早餐要攝取一日所需熱量的三分之一，看來北方的飲食習慣確確實實的遵守了這個指示。在南方，這大概只是衷心期盼能達成的願望。所以在德國或斯堪地納維亞國家的早餐餐桌上看到燻肉、雞蛋、起司、蔬菜和水果（打成果汁或直接吃都有），也就不足為奇了。英式早餐與之相去不遠，甚至可能更豐盛。其實今日我們熟知的英式早餐歷史並不十分久，是在十八世紀的時候才真正定型，也就是熱帶飲料變成上流階層早上慣常飲用的飲品之時。當時貴族富豪的豪華宅第紛紛裝修增設專門吃早餐的餐室，大約與凡爾賽宮裡目前所知的第一間餐室同時（如今已遭摧毀，位置就在那些國王套間之中）[4]，不過在這裡吃的以晚餐或消夜居多。

早餐在英國家庭至今仍是重要的一餐，雖然限於準備時間匆促，且對經濟拮据的人來說成本不低，稍稍的壓抑了它的重要性，英國早餐桌上擺的食品種類甚至比歐陸北方更多樣：鯡魚、麥片粥、烤豆子……若說地中海地區的人早上起來不會很餓，那麼英國人則是中午，甚

至晚上都不需要煩惱血糖過低的問題了。通常一般平民百姓的晚餐，通稱高茶（high tea）[5]，長久以來跟早餐的菜色非常相近，甚至更簡單。

相對的，義大利人早上吃得很少，大多只喝一杯咖啡，而且多圍著櫃檯喝。許多來自高緯度地區的觀光客常覺得義大利民宿和小旅店的早餐（prima colazione）太寒酸。因為吃得少，有些難捱，所以義大利人常在快十一點的時候來第二杯咖啡，同時愉快的搭配甜點麵包。西班牙人也是差不多在近午的時候會來根吉拿棒，此時比較早吃早餐的觀光客也已經吃完，讓出座位給他們了。早餐，北豐盛、南精簡，涇渭分明，而兩者喝熱飲的方式同樣也是南北大不同。在那些早餐確實是「一頓飯」的地區，他們喝大量的茶或咖啡，而且喝得都比較淡。相反的，早餐罕見固體食物的地區，一般喝的咖啡或熱可可都非常濃稠。

雖然緯度的差異使得歐洲各國早餐習慣大不同，且各地區對這三款熱飲的飲用習慣也多有差異，但均不能掩蓋全歐都已經改吃新型早餐的事實。隨著熱帶產品走進日常飲食食譜而誕生的新型早餐，在某種程度上，反映了全球化的過程，並且回過頭來深深影響了歐洲飲食地圖的分布。

▶▶ 第十六話

工業革命的催化劑

● ●

　　十八世紀以來，西歐社會出現了一個重大變革，即工業革命，其成因通常從經濟和技術的角度來切入。紡織技術的精進、蒸汽機的發明、資本的累積和金錢的權力、市場的開放，全都是深入了解這場空前集體變革最常見的切入點，一開始侷限在小小的地理區塊，爾後竟在短短時間內顛覆了整體人類的生活。社會政治學的研究也沒有交白卷（一個由大貿易商和企業主組成的社會新階級興起，也就是資產階級）。只是偶爾會忽略了這場變革中的人口演變，或只是點到為止，把它當成單純的附屬現象：事實上，1700 年到 1900 年間，歐洲的人口數量增加了四倍之多，占全球總人口的比例也從 12% 躍升至逼近四分之一，這還沒算上有超過八千萬人離鄉背井移民北美、拉丁美洲南端、澳大利亞和其他非熱帶地區，而這些地方的原住民若非遭到大屠殺，也都已淪為少數民族。

　　歐洲人口數量的演變一般多認為是世界人口演變的前導階段，預告了世界各民族日後同樣會遭遇此問題，讓世界人口從十八世紀末的不到十億暴增至今日的即將

邁入八十億大關。的確，這場人口革命與西歐農產品面臨的重大變革息息相關。穀物產量增加、農產品多樣化，是擊退饑荒和匱乏的不二法門，但食物的匱乏卻是在傳統農業社會中，人口數之所以能維持在一定上限以下的主因。

我們反而比較沒有去深究，從遠方來的食物所帶來的熱量補給到底有多重要。就拿每天都要吃的麵包這種普通食物來說吧，長久以來海運的成本始終居高不下，一直到了十八世紀末，因為糧食不足，麵包價格飆漲，好比法國大革命前夕；於是開始從遠方進口穀麥，尤其是從俄羅斯，有的則從美洲進口，慢慢的進口成為一種競利的經濟行為。到了十九世紀後半，歐洲的農民反而群起要求設立關稅屏障，來保護本國農業，對抗來自海外的競爭。

所以，不要小看從十七世紀末開始爆量走進歐洲的熱帶農產品所帶來的熱量補給。這場翻天覆地的農產變革當然走了很長的時間，先在西歐各大城市的有錢階級裡揭開序幕，然後慢慢普及到全歐各階級人口，它既是地域經濟變革產生的後續效應，也是驅使全球食品變革，特別是食品工業化的重要因子。

歐洲食品革命的中心，正是早餐。

農民變工人，熱湯變加糖茶

今天，假設一個象牙海岸人離開家鄉，搭上「計程小巴」——在此借用殖民區在地化的法語用辭——前往阿比讓（其實我們可以拿過去「第三世界」的任何一個國家來取代象牙海岸和它的經濟首善之都），他一日的基本主食大概會從芭蕉饅頭（foutou，以芭蕉和山藥為基底麵團）或木薯飯（attiéké，由磨碎的木薯發酵而成），變成米飯或法國長棍麵包。大家都知道，事實也的確如此，每日三餐的新一代主食，米和麥都是進口食物。因此個人飲食習慣的改變必然會加深本國對他國的依賴，例如象牙海岸本身又是可可的第一大生產國和出口國。

然而這樣的接續演變（鄉村出走潮＋飲食習慣改變＋國際貿易的成長）儼然就是十八世紀末以來英國，以及一部分西歐大陸面臨的景況：人們離開鄉村湧入都市，因為在鄉下謀生變得愈來愈辛苦（人口增加、土地結構出現變化、生產邏輯改變），他們在類似倫敦東區這樣的新興貧民街區聚集，在如雨後春筍般成立的工廠工作餬口。恰是大文豪狄更斯筆下的世界。

鄉村人口出走，新的工人階層崛起，也開始習慣新來的食物。就英國人來說，這場食物革命的主角叫「加

糖的茶」，它結合了容易代謝的興奮飲料和大量的卡洛里。再加上，儀典般的神聖手勢，往茶湯淋下一道牛奶雲影，道地的英式奶茶於焉誕生。十八世紀初還是貴族專享，一百年後已經是大量城市人口普遍共享的飲料了。通常搭配抹了醬的麵包食用，有錢人在麵包上抹的是果醬，裡頭有大量的糖，經濟拮据的話就抹糖蜜。十九世紀同樣大受歡迎的還有布丁，布丁的兩大主要成分是油脂（通常來自豬腰）和糖蜜。沒錯，又是糖蜜。糖蜜是精煉蔗糖時產生的殘餘物，但裡面還存有很多糖分，因為價格便宜，所以在市場上，尤其是在英國，是比較清寒的百姓有能力取得的含糖產品。

英式奶茶跟英國人習慣拿來配茶吃的含糖食品，是十八世紀末以來英國城市居民的基本早餐食物，尤其是在新興的藍領階級城市中。到了維多利亞時代才開始出現在傍晚時分喝茶的習慣，有錢有閒的階級喝的叫下午茶（five o'clock），一般平民階級吃的叫晚餐茶（long tea）。或許是工人階級想仿效統治階級吧，這其實很常見。但一開始，只在早上喝茶應該還有另一層意義。從時間上來看，民眾大量攝取茶和糖的時間與工業革命開始的時間相符。十九世紀末，光是糖一個單項食品就提供了一般百姓一日所需熱量的20%。美國知名人類學家

西敏司（Sidney Mintz）提出了相當可信的假設：在茶裡加糖加奶，對於養活英國工業所需的勞動人口有其絕對的必要性[1]。倘若沒有來自殖民地區生產的糖和茶，工人階層不可能捱得過工廠的勞動。英國鄉村不可能供應得了工業所需要的勞動人力，更無法養活這廣大勞動人口。工廠於是和農業連結，成為不可分割的一對：從全球的格局著眼，是農業南方養活工業北方。

不要忘了，在最有利的氣候環境下種植甘蔗，每畝的收穫可能是所有農作物裡熱量收益最高的。用熱量衡量農作效益的方式雖然很少見，卻清楚點明了，相較於其他大部分的農作物，甘蔗的經濟利益所在。以十九世紀當時的情況來說，一畝的甘蔗園平均可收割五十公噸的甘蔗莖葉：其中可挑出二十公噸的甘蔗莖，裡面一半是糖，另一半是甘蔗渣（壓榨剩下的纖維廢料，可拿來當作肥料，或當造紙素材、建材）。精煉後的白糖大約只剩六公噸（另有一‧四公噸的糖蜜），換算下來等於是一整年裡一百個人每天五百三十大卡的熱量，占人類每日所需熱量的四分之一多。所以吃糖絕對不單單只是為了滿足個人對甜食的欲望，或單純回味童年喜悅那麼簡單，不過，就算藉口說糖容易消化，吃糖仍多少會有點罪惡感吧。

英國大實驗場之外

　　歐洲大陸也歷經了相當類似的社會變革，只是茶的角色大體由咖啡頂替了。日常生活作息逐漸統一框架，新型早餐 —— 在早上泛以熱帶加糖熱飲為主的飲食型態 —— 日益普遍，在在說明了工業化和都市化社會正在萌芽。最早見於十八世紀末，各大西方都會區，像是巴黎，還有各大港口區（阿姆斯特丹、安特衛普、漢堡、南特、波爾多、馬賽、巴塞隆納、熱納亞……）和位居商業網絡要塞的城市（里爾、科隆、米蘭、法蘭克福、里昂、杜林……），到了十九世紀，更蔓延至礦脈區附近發展並快速膨脹的新興城市（聖德田〔法國中部大城，羅亞爾省首府〕、沙勒羅瓦〔Charleroi，比利時南部城市〕、埃森〔德國西部城市〕、布律埃〔法國北部城市〕、波鴻〔Bochum，德國城市，有著名的礦山博物館〕……）。

　　在大部分歐洲地區，加糖的牛奶咖啡搭配抹醬麵包，於是成為最受歡迎的食物，更是一日所需熱量的主要來源。就算餐櫥空空如也，也隨時都能取得這些食物，拿它來墊墊肚子。若是咖啡來源減少，價格攀升，但一般民眾卻已經迷上它時，必然會產生某種無法滿足的缺憾：在這難受的時節，在比利時和法國北部的人民會改喝菊

苣咖啡（chicoree，用乾燥的菊苣根研磨出來的汁液，其味道和顏色均類似咖啡）來解癮。這類飲品的成分有些純粹是菊苣，但多半會加入少量的咖啡調味。菊苣咖啡風行的關鍵與拿破崙時代歐洲大陸遭英國封鎖禁運有關。咖啡貨源減少，導致咖啡替代品的銷量大增，這現象後來在1940年到1944年德國占領法國期間重現。這一種菊苣「牛奶咖啡」後來大多由企業接手大量生產，定位為調味咖啡販售，其中最著名的品牌自然是1953年設立的 Ricoré「早餐良伴」系列，憑藉著容易消化的優點，銷售長年不墜，至今仍是早餐桌上的要角。

搭配牛奶咖啡的食物品項，不同地區有不同的選擇，但基本上全以麵包為主。抹醬麵包通常會沾著咖啡吃，這樣一來，隔夜的麵包就能輕鬆入口，不至於浪費，不過，城裡的人到麵包店買麵包慢慢的其實也變成一種日常了。這樣的吃法有利於長形麵包的需求增長，長形麵包於是逐漸成為消費大宗。在法國，長棍麵包幾乎已是人手一支，甚至被視為國家的象徵。群體生活的公共機關，例如療養院、醫院、軍營，很快的在十九世紀逐漸採取以牛奶咖啡搭麵包的新型早餐。十九世紀末，隨著生活水準的提升，早餐多了新面孔：果醬。學校和兵營不僅有助國家語言的統一，對飲食習慣的統一同樣貢

獻卓著，其中各地最均一化的就是早上這一餐了。

　　儘管北歐地區的早餐品項比較豐盛，有起司、燻肉火腿等，但到了二十世紀初，早餐已經變成歐洲各國最均一化的飲食了。總之，如今都是一杯人們早已忘記原生自熱帶的飲料，任意搭配。以人人都負擔得起的低廉花費，獲得人體所需的大部分熱量。

　　早餐飲料的原物料，除了菊苣之外，都是原生自熱帶地區的植物。相反的，在歐陸某些地方，有些糖卻是當地產物。十八世紀末，糖的消耗量達到了驚人的大量，於是引發多方投入研究，隨著拿破崙四處征戰，以溫帶作物製糖成為相當急迫的課題。因為法國強制他國中斷與英國的貿易，意圖擊垮英國經濟，但在當時新型早餐已經是相當普遍的飲食習慣了，因而使得栽種甜菜有利可圖，只是後來甜菜糖因為十九世紀末運輸成本大幅下降而喪失了與蔗糖競爭的優勢，但甜菜糖業者透過強力的遊說團體關說，不僅獲得許多補助，政府更設立蔗糖進口關稅，讓蔗糖價格不致大幅下滑。這是經濟史上非常典型的替代品教學範例，以國產品來取代舶來品，另一個範例是數十年前發展的瓷器工坊。

運輸成本下降

十八世紀初，茶、咖啡、巧克力和糖都非常罕見，因此價格也很高貴，不過幾十年的時間，它們變得相對親民，總之對西歐城市居民來說不再是高不可攀了。大量消費與價格下降之間有其必然性，百年來價格雖然免不了波動，但下滑的趨勢是人人看在眼裡的。雖幾經革命和帝國征戰，價格的下滑態勢卻未曾改變。為了增加供給量，必須先增加產量，所以一定得擴大熱帶地區的農作種植，不管該農作是（可可、甘蔗以及絕大部分的咖啡）否（1840年以前的茶葉種植一直是中國壟斷）掌握在歐洲人的手中。

同時也必須大幅提升運輸量，和確保往來運輸航線更規律、更安全。這個領域就全是歐洲人的天下了（除了很小一部分的咖啡是透過鄂圖曼帝國轉運）。十七世紀時，遠洋運輸仍屬於高風險，亦即高度投機的行業。這也是為什麼航運公司多半是以半官方的架構運作，就像各國的東印度公司。隨著航線管理的優化、產地運作的改良，貿易量跟著放大。於是各地開始掙脫這些契約公司的束縛，首先是西印度群島邦聯（Indes occidentales）[2]、美洲，然後是東印度地區（Indes orientales）[3]。

航運技術的精進也有助於滿足市場需求。船隊的速度更快，航行更安全，底艙規劃更完善，因此載貨量更大，而技術的日新月異不僅強化了船體的堅固、壽命和航行速度，同時加速了加油補給、繩索和風帆的規格化：船上配備的武器層級，機組人員的專業訓練，尤其是軍官位階，凡此種種大大開啟了民間團體參與海運之門……於是十八世紀末的殖民區船舶跟前一個世紀的船艦相比，完全兩個樣。比方說：在橡樹船身外加上一層銅鑄外殼包覆，可以大幅減少貝殼或海草纏繞附著，有助於加快船行速度，並減少船身下水檢修或擱淺修理的頻率，因為在船隊基地以外的地方進行吃水線以下的船體清洗一直是非常麻煩的事。

　　船隻的維修清理尤其多在海事基地處理，這些港口基地於是從無到有慢慢發展，達到新興城鎮的規模。法國東印度公司也有一處大型基地，就是從公司得名的洛里昂港。當地除了船纜、造船、風帆、大砲煉鑄業之外，還有軍校、繪圖工作室……預告了十九世紀工業順理成章的發展。在工業革命之前，遠洋船隻的確是歐洲公司所承造體積最大、難度最高，同時最需要專業技術人才的產品了。

　　從熱帶殖民地走進大都會區的商品不只限於早餐食

品，還有菸草和槐藍屬植物，十八世紀以後，棉花開始迎頭趕上。不過，在英國棉業起飛，也就是剛獨立的美國開始在南方大量種植棉花之前，糖一直穩居第一，然後是咖啡和可可，它們是美洲，還有印度洋諸島輸往歐洲的主力產品。

1740 年開始，法國東印度公司就在法蘭西島和波旁島（分別是現今的模里西斯島和留尼旺島）強迫地主栽種咖啡樹，咖啡的種子由公司供應，打破了經由鄂圖曼帝國的陸路咖啡貿易壟斷，歐洲對咖啡需求更加擴大。就英國公司來說，茶葉貿易，和長期以來同樣源於中國且與茶葉密不可分的瓷器貿易變得非常重要。當時同樣來自東方，但跟興起中的新型早餐沒有直接關係的產品只有棉織品，歐洲對著名的印度印花棉布的大量需求，強力帶動了歐洲紡織業的轉型。

愈來愈多的進口商品，搭乘效率愈來愈高、數量愈來愈多的船隻飄洋過海。一開始單純只是為了滿足歐洲人對熱帶食品的需求而研發的技術改良，結果衍生的經濟影響遠遠超出了早餐的範疇，早餐已漸漸成為支撐工業革命的重要基礎結構。對應大幅增長的需求，除了運輸技術的改良，另一個產業也必須大幅提高產能才行：那就是海外的農作產量，上游的種植業。

第十七話

湯匙的背面：奴隸和種植

「是的，先生」，黑人說，「大家都這麼做。在糖廠做工，如果手指頭被石磨給扯斷了，他們就會砍掉你的手；如果想逃跑，他們就砍斷你的腳；我兩樣都試過。您在歐洲吃的糖就是用這個代價換來的。」

伏爾泰作品《憨第德》裡面描寫的這一段話（第十九章），經常被援引來反映大西洋沿岸黑奴貿易和歐洲消費社會之間的連帶關係。無論如何，因為晨間的一絲悔意就認定早餐是黑奴貿易的元兇，那也稍嫌簡化草率了。儘管無可否認，新型早餐的誕生，的確帶有大西洋沿岸和其他更遠地區從事的奴隸貿易影子。的確，不僅產糖島嶼（還有產咖啡和可可的島嶼）在十八和十九世紀的兩百年間呈倍數成長，產地甚至擴大到印度洋和太平洋上的島嶼，而且在殖民地的茶葉產區也出現了殘暴程度直追奴隸制的慣常做法。我們杯中飲料的全球化過程確實毫無人權可言。

黑奴種植模式

除了尋找在歐洲日漸採盡的貴金屬礦之外，另一個驅使歐洲人「地理大發現」的動力，就是蒐羅熱帶農產品，即所謂的「香料」。歐洲人逐漸掌握了黑胡椒、香草和丁香等香料貨源的同時，也意外的發現了可可和茶。糖和咖啡大體循著舊世界的古老陸路，從東方進入地中海。歐洲人很快的就把這些農作物推廣到他們統治下的一些熱帶地區種植。種植這些作物的勞動人力以奴隸為主。

大面積的種植需要大量的勞動人力來支撐，這樣的農耕模式在中國和地中海地區傳承久遠。當某樣作物的種植和加工過程中，有個關係至大時間緊迫的關鍵點時，奴隸經常是解決難題的不二法門。製糖就是最早、最典型的例子。我們當然可以在院子裡或小塊田地裡種甘蔗。總之，就甘蔗種植本身，規模並非一定要大，而是甘蔗收割後的加工處理過程需要有夠大規模的人力來支撐。含水量高的甘蔗在高溫的環境下，很快就會流失水分，所以必須在收割後的三十六個小時內壓榨出甜甜的甘蔗汁。甘蔗汁也一樣，必須盡快送進爐裡加熱收汁結晶成糖粒。早在西元前 1000 年的印度，就已經發展出這樣一套加工程序了。後世所做的改良（從橫式滾輪到

直立滾輪,從兩個石磨到三個石磨⋯⋯)都只是細節上的局部變更。因此在整個甘蔗種植和加工的過程中,收割和加工都必須搶時間。然而,滾輪石磨是笨重且昂貴的機械裝置,處理的甘蔗量必須夠大才能有利可圖。就經濟的角度而言,近乎軍事化管理的大面積種植似乎是最不錯的解決方案。

關於製糖業是否可能採用一種比較不強制的勞動型態,這個問題,正反兩方激烈的辯論從沒停歇。事實上,從各個不同產糖地區,印度、伊朗、埃及、摩洛哥、歐洲等的經驗可知,在十九世紀以前,用奴隸種甘蔗製糖的模式最為成功。歐洲人在十字軍東征時已經初嘗糖的滋味,在十三世紀初開始把甘蔗引進地中海諸島(賽普勒斯、克里特島、西西里島)種植,因為冬季寒冷,所以成果並不理想。當時用的奴隸多是斯拉夫民族,或是其他黑海北邊的民族,也就是所謂的高加索民族。地中海南方,跟臨印度洋的國家一樣,用的奴隸來自撒哈拉沙漠以南。所以當歐洲人真的開始在大西洋諸島(馬德拉島、亞速群島以及加納利)大規模種植甘蔗製糖時,他們也跟著使用黑奴。

這套用黑奴種植加工的系統在十六世紀橫渡大西洋。首波測試可回溯到 1493 年:哥倫布奉天主教雙王[1]之命,

在他的第二次航行時帶了甘蔗過去。當時美洲印第安人飽受舊大陸傳過去的傳染病肆虐，根本無法提供足夠的勞動人力。最早的幾批工人是「契約奴工」，大多是懷抱著希望、貧苦無依的歐洲人，深信只要幾年的勤懇工作就能重獲自由，還能擁有一小塊地。然而，這樣的歐洲人數量太少了，更糟的是，他們大半無法耐得住熱帶疾病的侵襲。自1507年，黑奴陸續被送進這個產業，於是開啟了一段血淚史。大西洋奴隸買賣，全球化過程中一個洗不去的汙點。

事實上，很難想像若沒有奴隸或契約奴工提供的勞動人力，新型早餐在歐洲要如何生根。不僅調配巧克力時需要用糖，歐洲人從鄂圖曼世界學來的咖啡也要加糖。此外，歐洲對熱帶熱飲的需求量從十七世紀後半開始就不斷的增長，除了進口茶和咖啡之外，還種植大量的可可。之後，從1720年代起，歐洲人自己也開始種咖啡。總之，一切都需要逆來順受的黑奴加入勞動。後來，其他受歡迎的熱帶農作種植也開始使用黑奴了，像是菸草、槐藍屬植物和後期興起的棉花。若要細究，種植模式各有不同。咖啡園或可可園栽種的面積通常比較小，多在小山丘上，多平原的安地列斯島原住民則多種植甘蔗。十八世紀末，咖啡或槐藍屬植物的需求變得比糖更高，

所以這兩種植物取代了甘蔗，占據了使用奴隸耕種的大農園，大溪地就是最好的例子。

1650年起，安地列斯諸島超越了巴西東北地區，成為全球最主要的咖啡產地，那是因為這些為數眾多的小島等於是天然的牢籠，想逃走的奴隸（法文稱之為栗棕人種，marronnage）插翅也難飛。基於同樣的理由，位於西非幾內亞灣的聖多美島在很久以前就被戲稱為「巧克力島」。它除了是黑奴買賣的中繼站之外，葡萄牙人更把該島變成種植可可的絕佳地點，葡語稱之為「roças」。十九世紀初，聖多美島是全球最大的可可果產地。「糖之島」的模式同樣可以拷貝成咖啡之島或可可之島，到了十九世紀中期，這些島嶼有些則變成了茶之島，逐漸擴展到印度洋（1788年出版的著名小說《保羅與維吉妮》[2]就是以法蘭西島為背景，即今日的模里西斯），而後更進一步延伸至夏威夷。

若少了1700年開始密集且大規模的農作種植，新型早餐不可能在歐洲社會普及生根。從年代來看，咖啡、可可和糖的消費增長跟大西洋奴隸貿易的風行期相當吻合。被送到美洲的數百萬非洲黑奴中，有很大一部分是在十八世紀或十九世紀的頭幾年間被賣過去的。

茶葉和農作的第二紀元

　　早餐和奴隸制度錯綜的關係說到這裡，茶好像還是個局外人。1839年至1842年的鴉片戰爭之前，全球市場——其實就是歐洲和北美——的茶飲貨源都是由中國供應。感謝羅伯・福鈞，英國人取得了茶樹種植和茶葉加工的技術，還有茶樹苗，茶園也跟著引進了非常近似甘蔗種植加工的模式。

　　茶葉種植以大英帝國疆域為主，又以氣候較為涼爽的高地地區最獲青睞：錫蘭中部，即今日的斯里蘭卡、喜瑪拉雅山山麓，特別是阿薩姆；肯亞高原後來也加入種植。如綿羊群般柔軟綿延，定期修剪的茶樹叢，景色如世外桃源，這大概也是選擇高海拔基地種茶的原因之一，同時殖民地區的當地百姓也可以躲避熱帶夏季的溽熱：好比錫金（Sikkim）南端的大吉嶺、錫蘭中部的努沃勒埃利耶（Nuwara Eliya），以及二十世紀初期維多利亞湖畔的凱里喬（Kericho，肯亞城鎮，以種茶出名）。

　　這些茶園如今也成了著名的旅遊景點。照片上如詩如畫的茶園景色，底下卻是殘暴不亞於安地列斯諸島甘蔗園的斑斑血淚。十九世紀奴隸制度遭到廢除，為了補足新興茶園的人力缺口，當然原本的甘蔗園和咖啡園也

缺工，轉而大舉招募亞洲勞工。大批中國人就這樣被送到了美洲大陸和南亞，種植的農作有些與早餐無關，好比橡膠和棕櫚油，當然還有正在爪哇發展的咖啡。離鄉背井到海外工作最多的是印度人，而且通常是被迫的遠比自願的多，他們四散於環印度洋區的農園，有的也遠赴安地列斯諸島。1827年起，留尼旺島上的法國農園主便開始到亞南（Yanaon）和本地治里（Pondichéry）招募勞工。

他們不是被賣掉的奴隸，實質上卻相距不遠。1840年，英國人有系統的規劃出一套契約勞工的機制，英文叫「Indenture」，意指某種形式的契約，一般多將之歸入苦力貿易（coolie trade，「coolie」一字在坦米爾語〔通行於印度南方、斯里蘭卡東北的語言〕是勞工的意思）。因此模里西斯島上出現了大批來自印度南方的人民。被迫遠走他鄉的印度勞工同時也大量流入納塔利亞（Natalia）[3]，然後是英屬東非和馬來西亞。這段期間最大的移動潮，跋涉的距離稍短，就是坦米爾人前進錫蘭的茶園和咖啡園工作，截至1938年為止，累計人數大約八百多萬。斯里蘭卡因此出現勢力龐大的印度教族群（斯里蘭卡人大多信奉佛教），成立坦米爾猛虎組織（Tigres tamouls，1976年成立，旨在斯里蘭卡北部建立坦米爾國），在1983年到

2009年間以游擊戰的方式企圖從斯里蘭卡分離出來。

　　勞工的工作環境從一開始就非常惡劣，十九世紀的百年間更是每下愈況。1840年，契約的有效期限是一年，到了1862年延長到了五年。不過，這是官方的數字；因為預支工資舉債的機制使得這些勞工大多終生難以翻身，甚至逼得下一代不得不繼承父債繼續勞動。英國歷史學家休伊・廷克（Hugh Tinker，1921-2000，以契約勞工和奴隸制度相比擬而著稱）就直指契約勞工制是新型態的奴隸制度[4]。

　　至於自亞洲移入的所謂「自由」勞工，他們自願前往各泱泱大英帝國的殖民區農園工作，只是勞動條件也沒有好到哪裡去。這些移工被拿來當作新一波農工招募的中間人，透過他們的家族網、城鄉網或階級網脈號召更多的人前來；這樣的招募網絡稱為「kangani」（坦米爾語「工頭」之意），各地賄賂和強迫徵募的事不絕於耳。一般認為，錫蘭和阿薩姆的茶園（這裡的勞工大多來自孟加拉），勞工的死亡率甚至高於十八世紀在安地列斯諸島飽受蹂躪的奴隸。

　　茶讓英國勞工能夠生存下去，所以價格必須夠低。為了降低生產成本，馬來西亞茶園裡被殘酷剝削的印度勞工，甚至比在安地列斯島上種甘蔗的奴隸更血汗。

　　農作種植的制度常被認為是十九世紀工廠的實驗範例。新型早餐的發展史與工業革命及它帶來的惡果：熱帶地區的低度開發，密不可分。

第十八話

從可頌麵包到跨國企業

可頌麵包沾牛奶咖啡吃的習慣,細究起來需集合許多職能和企業之力。除非你選擇古早味早餐,懷念新型早餐出現以前的舊飲食習慣,否則光靠自家院子裡種的東西,是不可能做得出甜點麵包和熱飲的。這就需要大企業和每天供應日常所需的手作坊了。

麵包店:鄰里商業的最佳典範

隨著十九世紀歐洲都市化的發展,購買麵包已經是日常作息的一部分了,也就是今日技術官僚口中的麵包「委外製作」。古時候,為了預防火災,主市政的官員對於爐火的使用,一般多擴大解釋到爐灶,規範得非常嚴格。僅僅領主在城裡的大宅邸以及修道院不受限制,因為屋內多設有壁爐,一般人只能在院子、天井或是獨棟式建築內生火。食物只能用火盆保溫。隨著工業革命的展開,建築設計有了重大變革,也就是屋內加裝多重通風管壁爐,通風管上還配裝了規格標準化的陶蓋。若無這個發明,用鑄鐵爐台點燃爐火熱湯是無法想像的事;

只要有金屬製或陶瓷平底鍋就能有個暖暖冬天這件事，同樣超乎想像，當然更不可能泡咖啡、茶和可可，甚至烤麵包了。

爐台和平底鍋可以算是十九世紀工業對人類日常生活的一大貢獻。生產線大量生產的金屬和鑄鐵產品助長了燃煤的用量和普及。靈感來自十八世紀貴族配膳室的平底湯鍋，但若少了都市建築設計的各種革新，早餐喝熱飲的習慣不可能普及大眾，尤其是在拿破崙三世統治下的巴黎，奧斯曼（Georges-Eugène Haussmann，1809-1891，主持1852年至1870年巴黎城市計畫）改造的不僅僅是直線排列的整齊外觀，和足以媲美英國的維多利亞式建築而已。住在現代化的公寓裡，家庭的生活型態必然產生變化，原本鄉村家家戶戶自己做麵包的習慣已經無法沿用。

都市化帶來餐飲業的多樣發展：肉品、奶製品、燻肉火腿、青菜水果……但最重要的是麵包烘焙。在鄉間，麵包多是自己在家裡做，如果是大宅邸的話，當然交由僕人代勞。進城採買已經成為日常生活的一部分，事實上這對預算有限的人來說，也是比較合理的做法。直到二十世紀前期，西歐每個成年人每天至少要吃掉一公斤的麵包，甚至更多（要知道一公斤大約等同現在的四根長棍麵

包）。長棍麵包變成法蘭西國家的象徵，是更晚以後的事。這款手工麵包在 1993 年巴拉杜（Édouard Balladur，1929-）[1] 發布行政命令的保護下，才免於受到企業鯨吞，事實上一直到二十世紀初，它才走到如今的龍頭位置。所以它並不是如一般文獻所記載，源自法蘭西共和二年霧月 26 日（即 1793 年 11 月 15 日）的議會會議，據傳會中決議強制麵包師父只能做一種麵包，即「平等麵包」（pain Égalité）。何況這個麵包的形狀並不適合大軍團（拿破崙建立的帝國軍團 Grande Armée，1804 年至 1815 年間隨他征戰四方）的士兵個別攜帶，更不是容易撕開的麵包，這樣豈不給工人階級多了一個隨身帶刀的藉口。

最合理的解釋應該是長棍麵包烤的時間比舊時的圓形鄉村麵包要短，而拿破崙三世時期，市政廳明令麵包師父不得在清晨四點以前工作。總之在十九世紀期間，城市人吃的麵包形狀從圓的——圓麵包比較慢才變硬——變成了長條狀，表面積加大，外表酥脆，但容易變硬；這樣的麵包適合購買頻率高的消費習慣，也滿足了消費者喜歡酥脆的美味追求。

儘管長棍麵包隨時都可以咬上一口，做成三明治後的獨特形狀更給它帶來了法國三明治之名，但它其實最適合在早上當早餐吃。長棍麵包的長條形狀與它能成為

早餐常勝軍有一定的關聯。的確，有很多生活教材不建議拿麵包沾茶、咖啡或熱可可吃，但這種做法卻非常普遍，且不限於一般平民階級。不是有人說連女王伊莉莎白二世有時候都忍不住這麼做嗎？麵包在十九世紀演變成長條狀的諸多原因裡面，肯定少不了新型早餐的風行。不僅於此，這新興的一餐更挾其強勁的成長之勢打開麵包新領域：甜麵包（viennoiserie，字面直翻是維也納麵包）。

可頌、巧克力可頌、牛奶麵包、葡萄乾麵包、維也納長棍（baguette viennoise），還有其他的千層捲之類，都是介於麵包和蛋糕之間的甜麵包。這類甜麵包自法國興起，進而超越法國疆界的故事也得從十九世紀開始說起，且同樣也是拜新型早餐普及之賜。跟長棍麵包一樣，甜麵包的起源眾說紛紜。好像是在很早以前，大概中世紀吧，東歐包含鄂圖曼帝國在內的地方，就已經有一種特別的小麵包，這種麵包在奧地利稱作「kipferl」，口味有甜有鹹，呈半圓弧狀。這個可頌的遠祖比一般認為可頌源於1683年導致鄂圖曼帝國衰敗的維也納圍城戰役[2]要久遠得多了。可頌傳入法國也不是因為瑪麗安東妮的關係，這位皇后她並沒有像外傳的，對1789年10月以來多日上街要求給麵包的飢餓百姓說：「沒有麵包，何不食蛋

糕！」（盧梭在他於1765年至1767年間寫就，並在1782年出版的《懺悔錄》第一部中指出，這句話是出自另一位不知名的公主之口。）

真正的史實比較平凡無奇，但有憑有據。一位名叫厄斯特・史瓦茲（Ernest Schwarzer）的維也納人於1837年在巴黎市黎緒留路92號開了麵包店，店名就叫「維也納麵包店」，生意興盛一時，立刻引起他人群起效尤，早餐吃可頌漸漸風行，尤其是星期天的時候。可頌甚至成為世界各地享受法式生活的象徵，舉凡任何供應歐式早餐的地方都能看到它，尤其是連鎖大飯店。其實一直要到了二十世紀初，統一採用千層麵皮的現今標準可頌作法才領先其他，獨占鰲頭。可頌的各項特徵當中，歷史最悠久的當數它的形狀，正適合沾早餐熱飲來吃。它的奧地利起源並沒有被人遺忘，於是變成「甜麵包」（viennoiserie）的同義詞而流傳下來；而專門製作可頌和巧克力可頌的麵包師父也一直被稱作「維也納人」（viennois）。

企業當然很快跟進大量生產這些暢銷商品，但它們終究無法取代鄰近麵包店的手作產品，畢竟只要走幾步路就能買到早上新鮮出爐還熱騰騰的可頌了。

農產食品的企業大老

相對的，在早餐飲料的加工方面，企業無疑是扳回了一城。原因一直都一樣，因為採收後的作物大多無法直接使用，需要經過複雜的加工程序，因而產生較高的技術門檻。從咖啡果實到烘烤後準備研磨的咖啡豆，從可可果到即溶可可粉，甚至從茶樹嫩葉到乾燥後加入添加物調和，有時也許還得多一道工序：分裝成茶包，杯子裡裝的不僅是綿延數千里的農園而已，更有數不清的技術性步驟，需要整個企業體的支撐。蔗糖也一樣。海運的問題進一步證明了這些大型中間企業存在的必要，最遠可回溯到各國的東印度公司。就算農作物的產地不遠，好比甜菜和菊苣都是溫帶作物，還是有企業體才有能力解決的技術門檻要跨越。

舊體制下類似印度公司這樣的組織不可能是現今跨國企業的鼻祖。它們享有王室般的權力（鑄造貨幣，配備武器和戰鬥艦隊，管轄遼闊疆域，還能在該地徵稅、做司法判決、修築公路……），但多半在十八世紀末就一一解體了，就像自治組織融入了宗主國的行政體系之內。英國東印度公司是唯一例外，根據官方紀錄，它到1874年才解散，但公司的財產早在1860年的印度士兵兵變事件後就轉回王室手中。

　　殖民地產品的貿易商和包裝公司規模都較小，韌性反而較強：這些商號至今有些仍廣為人知。由於十九世紀是大英帝國擅場的世紀，於是茶葉公司領先其他商品的公司，率先達到被稱作「跨國」的規模。有許多是現在仍在營運的老商號。1706年，一位湯馬斯・唐寧（Thomas Twining）先生在倫敦河岸街（Strand）216號開了一家咖啡屋，異想天開的也兼賣茶。這間店至今還在，這大概是在英國首都開業最久，且至今還營業的店了。1749年，他的兒子丹尼爾打進北美市場。1787年，他的孫子李察創立了自家的品牌標章，之後就一直沒有改動過；這該是使用最久，且中間毫無間斷的品牌標章了。1832年，唐寧開始販售佛手柑風味的紅茶，也就是風靡一時的伯爵茶（Earl Grey）。1837年正式成為王室供應商。1964年併入英聯食品（Associated British Foods）集團。

　　唐寧公司的發展史，跟其他同樣活躍於二十一世紀的企業一樣：十八世紀從一間小茶屋發跡；在英國掌控茶葉產銷的1830年至1850年間關鍵轉型成功；一個名氣如此響亮的品牌，無論財務結構如何變化都能持續下去。主要的大型茶葉公司原則上都是英國公司，不過也有幾家法國公司。

　　1837年，原本在約克夏販鹽的兩兄弟轉行賣茶。他

們分別是約瑟夫・泰特萊（Joseph Tetley）和愛德華・泰特萊（Edward Tetley）。1856年，他們先在倫敦開業，後來1888年遠赴紐約設立分店。泰特萊公司的財富源自於將某位紐約商人，湯馬斯・蘇利文（Thomas Sullivan），無心插柳的發明予以工業化大量生產：蘇利文先生原本只是為了促銷茶葉，所以把試喝的茶葉樣品分裝在小絲袋裡分寄給顧客，顧客卻誤以為可以直接連小袋子一起放進杯裡泡。泰特萊抓住了這個商機，而且這次是有心的。他在1930年代開始銷售分裝的茶包，這等於多了一道企業加工手續。1973年，泰特萊併入里昂（Lyons）集團，但該品牌依然存在。

沒多久，1871年在倫敦，某個愛爾蘭雜貨商的兒子，湯馬斯・立頓（Thomas Lipton）開設了他的第一間茶葉專賣店。1880年起陸續展店超過二十間。這間企業成立的動機是為了能控制茶葉全部的生產加工鏈。1880年，湯馬斯・立頓親自到可倫坡（斯里蘭卡第一大城）買下自己的茶園，以便削價競爭，他鎖定的是一般平民消費族群。茶葉直接在產地包裝，該公司標榜的口號就是「茶園直送茶壺」。今日，立頓是聯合利華（Unilever）集團旗下的品牌。

兩家法國公司的發展幾乎與他們同時，但規模一直都

不大，所以至今仍是獨立的公司，專銷高級茶葉。瑪黑兄弟（Mariage Frères）於1854年在巴黎發跡，以專賣殖民地產品起家，尤其專精蔗糖精煉加工，早在1830年就率先在巴黎瑪黑地區（Marais）設立了煉糖廠。不過，有很長一段時間，他們一直是單純的茶葉批發商。直到1984年才把公司商號拿來當產品品牌銷售，並迅速在全法國設立據點，爾後更遠赴日本，2012年甚至打進了倫敦！殖民公司（Compagnie coloniale）商號直白，一目了然，則是於1848年在巴黎成立。它也賣巧克力。1980年後歐洲興起一股高級奢華茗茶的風潮，該公司趁勢大幅成長。

據點跨越國界，但始終維持家族企業經營模式的茶葉零售商大概只有庫斯米茶鋪（Kusmi tea）了，該公司於1867年在聖彼得堡成立，創始人帕韋爾·米凱羅維奇·庫斯米丘夫（Pavel Mikhaïlovitch Kousmichoff）。在成為沙皇的皇室供應商之後，他派自己的兒子米亞契斯拉夫（Viatcheslav）到倫敦，於1907年在維多利亞女王街11號開設第一家分公司，P. M.庫斯米丘夫父子公司（P. M. Kousmichoff & Son）。為了繼承父親遺產，米亞契斯拉夫回到俄羅斯。1917年他體認到時局變化莫測，決定最好先把財產轉移到倫敦和巴黎，1920年位在巴黎尼埃路75號的庫斯米茶鋪開幕。家族最後定居柏林，但分店據點

遍及紐約和伊斯坦堡。二次世界大戰期間，企業元氣大傷，勉強支撐到2002年，被以批發可可和咖啡起家的歐赫比（Orebi）兄弟買下，重新建立國際銷售網。

咖啡和巧克力

咖啡的國際貿易量比茶葉還大，但跨國企業插足的時間卻晚了許多。關鍵在第二次世界大戰期間，在美軍廣泛使用即溶咖啡的帶動下，觸動了企業加快腳步大量生產的決心；1938年雀巢公司拔得頭籌，當時巴西正積極尋找買主消化1929年經濟大蕭條導致的過多存貨。咖啡的加工不單是貿易商加熱烘焙就行，需要更工業化的加工技術。不過一般而言，咖啡公司發展的過程和茶葉公司相去不遠：都是在消費持續大幅成長的環境下，先成立店鋪跨大銷售，接著蓬勃發展成企業，最後併入大集團，也就是說，公司很快的就被收購，納入食品品牌的永久性聯合組織。

傑克‧瓦珀（Jacques Vabre）咖啡就是絕佳的範例。故事源於1924年，蒙彼利埃（Montpellier）的一間農產批發公司，業主瑪塞‧德納米埃（Marcel Denamiel）從哥哥安東（Antoine）手中接下這片產業。瑪塞之前曾在聯合

航運（Chargeurs Réunis）集團任職，走遍非洲大小國家採購咖啡。他接手家族產業後，公司業務重心擺在批發，他在自家的店門口烘焙咖啡豆，再分銷給零售商。他的女兒嫁給一名教師，女婿於1946年辭去教職專心投入岳父的事業；這位教師名叫傑克・瓦珀。當時在法國已經有超過一千六百個咖啡品牌，全都是手工工坊製作。這位女婿趁著黃金三十年的大好榮景，搭上大型超市快速發展的順風車，讓公司規模順勢升級改頭換面。1953年他在蒙彼利埃設立了全法國第一家咖啡豆烘焙廠。1968年，開始銷售以傑克・瓦珀為品牌的真空包裝咖啡粉，這個新產品很快的就把家用咖啡研磨機送上了閣樓。他們也是第一家在電視上打廣告的咖啡公司。

次年，在他們的電視廣告片裡出現了喬治這個人物，他是「傑克・瓦珀咖啡專家」（Le gringo de chez Jacques Vabre），穿著西裝繫著領帶，走遍咖啡園嚴選最高品質的咖啡豆（其實影片裡頭出現的基本上都是已經烘焙過的咖啡豆）。這家在法國銷售第一的咖啡公司於1983年併入德國－荷蘭合資的雅柯氏（Jacobs）集團，該集團旗下同時擁有「老媽」（Grand' Mère）和「黑卡」（Carte Noire）兩大咖啡品牌，此外還有 Suchard、Milka 和 Toblerone 等巧克力品牌。整個雅柯氏－蘇沙集團在1990年併入卡夫食品

（Kraft Foods）公司（擁有麥斯威爾咖啡），卡夫食品則隸屬菲利浦莫里斯（Philip Morris）集團……。

巧克力大廠的發展時間跟茶葉公司的擴展時程相近。可可豆的加工過程技術門檻要求更高，這是巧克力貿易很早就出現類似寡占市場的原因。但巧克力的最大消費區塊不是早餐。現今最大的歐洲巧克力廠是瑞士公司百樂嘉麗寶（Barry-Callebaut），是1996年比利時商嘉麗寶（Callebaut）和法商百樂（Barry）合併組成，但由德國家族雅柯氏經營的金控公司管理。1850年成立的嘉麗寶最早是一間餐廳，1911年轉型生產巧克力。至於百樂可可（Cacao Barry）的前身是在默朗（Meulan，位於巴黎西方四十公里，塞納河流經的小城）附近，1842年成立的哈德利庫（Hardricourt）公司。該公司早在十九世紀就已經躋身大型巧克力公司的供應商之林，也是現今巧克力相關產品的主力大廠，其中即溶可可粉的全球市場占有率高達四分之一。它也是冰淇淋廠馬格南（Magnum）和黃金海岸（Côte d'Or）巧克力，及其他眾多巧克力大廠的批發商，五十個生產據點遍布全球。新興國家對巧克力與日俱增的熱愛，加速了這個跨國大廠的擴張。

穀片，創新的頂點

　　對早餐來說，農產食品加工業最有創意的貢獻大概非穀物產品莫屬了。在早餐還沒成為今日這般獨樹一格的飲食習慣之前，很多國家社會，包含歐洲在內，就已經開始吃穀類食品了，多半是做成穀物粥。它大概是最古老的家常菜了，可遠溯至石器時代。任何穀物都能做成粥，有時也加入蔬菜烹調。在歐洲，歷史最悠久，而且仍歷久不衰的穀物粥當推不列顛群島的牛奶燕麥片了，不管是稱作麥片粥還是麥片糊其實都一樣，斯堪地納維亞地區也有類似的食品（瑞典文稱作「havregrynsgröt」）。瑞士「Muesli ／綜合堅果穀麥」挾其良好的天然營養形象，銷售早已超越原產國的國界，遍及全球。

　　1854 年，美國人發明了穀片，穀片的普及則要歸功於 1861 年至 1865 年的南北戰爭。這場戰爭造就了食品業原創發明的高峰，目標都是為了優化北方軍隊的糧食補給。於是 1856 年蓋爾・波頓（Gail Borden），這位出身印第安納州墾荒先民家庭的孩子，發明了加糖的煉乳並開始企業化生產。原先的戰士後來竟成了推廣這些新食品的大功臣。開封即可食的穀物，即不需先花時間煮成糊的產品，就是最好的例子。1877 年開始，專門生產這類

穀物食品的公司出現了，公司名叫桂格（Quaker）。1890
年，有一位在密西根的療養院任職的年輕醫生，為了想
給病人補充營養，突發奇想把煮好的穀物碾壓成小片後
送進烤箱烘烤；這位醫生名叫約翰‧H‧家樂（John H.
Kellogg）。1906年，他的兄弟，威爾（Will）創立了家樂
氏公司。最先接受即食穀片的歐洲市場就是原本就習慣
吃麥片粥的國家，大不列顛群島和斯堪地納維亞地區，
而後逐漸普及全球。至於法國，則遲至1980年代才開始
出現快速的成長。

　　早餐食品的第一大供應商想當然耳就是世界第一大
食品龍頭，雀巢公司。該公司於1866年在沃韋（Vevey，
位於瑞士日內瓦湖東北岸）成立，創辦人是瑞士的一名藥
劑師亨利‧雀巢（Henri Nestlé），他原本是想利用尤斯圖
斯‧馮李比希（Justus von Liebig，1803-1873）[3]在1865年研
發出的人造奶粉技術，製造一款專為新生兒調配的牛奶
麥粉，時至今日無論是人類食品，家禽家畜寵物食品或
飲料，雀巢旗下的產品種類之多冠居全球。雀巢不僅是
即溶咖啡的先鋒，在急凍乾燥和冷凍食品的技術開發上
也是先驅。1905年，因為煉乳單項產品的市場競爭太激
烈，雀巢於是開始多角化經營，既然是瑞士公司，第一
個想到的當然是巧克力。兩次大戰期間，雀巢也開始切

入咖啡市場，1938年首次推出工業生產的即溶咖啡，雀巢咖啡（Nestcafé）。1947年，雀巢買下美極（Maggi），該公司是在1887年由另一位瑞士人，朱里尤斯·美極（Julius Maggi）所創立，專門生產罐裝調味料，而後於1907年開始生產紙盒裝高湯。今日，雀巢公司提供了全系列各式各樣的早餐食品：咖啡、可可、茶，無論是罐裝、膠囊或即食，此外還有穀麥、奶製品、果醬……。

所以，就連早餐的經濟地理分布都有利於企業的合併集中：農產食品的原料產地跟消費者之間相隔千萬里；新型早餐成形之初，各國東印度公司扮演的中間商角色就已經是不可或缺的要角。而繁複的食品加工步驟更強化了早餐食品供應商互相合併的趨勢。

三百年來，早餐一直是將都市化社會最日常的生活，與全球資本主義串連在一起的樞紐。

早餐與地緣政治

　　每天早晨我們都得以見證南北關係樞紐。然而，咖啡、茶和可可，就算是最常見的普通等級，價格相對上都不算便宜。食物銀行或愛心餐廳等公益組織，每年冬天都會請賣場捐贈這類熱飲，對那些貧苦的民眾來說，它們已是小小的奢華享受了；雖然一百多年來這些熱飲，在一般社會的觀念中已經是基本消費物資。糖的價格／熱量性價比，當然是我們攝取的所有食物當中最高的，所以先暫時放在一旁不談。相對的，想在麵包上抹奶油就不是那麼便宜又大碗了，儘管奶油這類農產品的原料單純，也不用千里迢迢運送。仔細推敲早餐餐桌上食物的價格，結果可能讓人相當意外：有些東西不難取得，卻比較貴。

世界貿易組織協商失敗

　　2006年7月28日，世界貿易組織（WTO）暫停了所謂的「杜哈回合」貿易談判，該回合談判自2001年11月9日至13日在卡達召開的國際會議中提議開啟，預計三

年完成，但延宕多時未果。主要的目標是農產品貿易，尤其是開放富裕國家的市場，讓開發中國家的農產品進入這個議題。談判有氣無力的纏續，終於在2013年12月7日達成協議，但成果非常有限，外交上稱之為「峇里套案」。達成的協議包含了簡化農產品通關的行政手續、未開發國家出口產品免關稅，當然還有承諾未來——詳細時程未定——調降農產品關稅。

自1947年到1995年，先是在關稅暨貿易總協定（GATT），然後是世界貿易組織（WTO）的架構下，陸續進行了許多回合的貿易協商，成果不可謂之不豐碩，促進了1970年代以來國際貿易的大幅成長。降低關稅門檻的產品範圍涵蓋工業產品、非農業原物料，以及後來被列入談判項目的服務業。直到1980年代，烏拉圭回合啟動，才首次將農產品納入談判。三十年過去了，情況絲毫沒有進展。

利益相近的國家於是聯合組成集團施壓。1986年凱恩斯集團率先成立，集合了農業人力成本極為低廉的十五個國家，他們的出口常遭受富國——也就是他們的潛在市場——施行的保護主義打壓。集團成員國大部分是幅員遼闊、人口密度低的國家：加拿大、澳洲、巴西、阿根廷、智利、紐西蘭……。站在他們對立面的有美國、歐盟和

G10（十國集團）。G10成員國的情況與凱恩斯集團的成員國正好相反：一般來說，他們都是人口密度高、幅員較狹小的國家：瑞士、日本、南韓、以色列……。

之後另外兩個團體接續成立。2003年成立的G20（別跟全球前二十大經濟體的G20搞混了）集結了許多新興國家：中國、印度、印尼、墨西哥、埃及……以及幾個凱恩斯集團的成員國，像是阿根廷跟巴西。最貧窮、農業最脆弱的國家，則組成了G33：象牙海岸、塞內加爾、莫三比克、古巴、祕魯、蒙古……，他們要求特殊待遇以保護本國農產品；裡面有好幾個是早餐飲料的重要生產國。

工業化深的古老國家和「新興國家」之間的主要衝突點在於，十九世紀大家常掛在嘴邊的「以全球為市場拚命生產」的概念。古老歐洲統合組成的歐盟，美國和日本，自工業革命之後便慢慢的減少了農地耕作面積。農業產值占國內總產值的比率非常低，農業從業人口占總勞動人口的比例更是少之又少。在這種情況下，兩大對壘陣線應該有充分的理由互相截長補短才對。然而這種說法完全沒有考慮到「北方」國家農業在社會和政治兩方面的重要性。農業人口在政治上的勢力常常跟人口數不成比例，也許是因為他們擁有該國絕大多數的土地吧；舉例來說，美國的每一州，無論人口多少，均統一擁有

兩席參議員席次。更深入剖析，絕大多數的國民都具有農鄉背景，而且世代相隔並不遠，所以幾乎全國人民對農民的處境都能感同身受。再者，在群眾的想像裡，農場是生產食物的地方，而我們吃的料理正代表了對國家的認同。只要想想法國人民對生乳起司的關注，還有他們對明確的定義產品產地而制定的產地認證（AOC）和原產地保護認證（AOP）商品掛名的普遍支持，就不難理解了。

事實上，世界上沒有任何一個社會族群比瑞士和日本的農民獲得更多的保護了。高山牧牛的畫面深植人心，這正是瑞士人國家認同的軸心，同樣的，蓊鬱山麓水稻阡陌不正是日本國家的象徵。兩國農民的生計其實主要來自政府的補助津貼，而且經常是透過市場保護措施。日本人願意花更多的錢買本國米，以及使用本國米釀造的清酒，儘管價格比進口米高出十倍；他們認定日本國產米的風味無人可比。歐盟和美國對本國農業的補助規模較小，但邏輯是一樣的：多是靠其他產業來支撐農業和養活農民。

所以我們知道，只要農業＝食物＝國家認同，三者間的連結始終維持緊密的話，國際談判不太可能會有結果。但這個情況只侷限於「北方」國家的農產品。從泛指富裕國家的「北方」這個地理名詞推斷，需要協商的農產

品自然不是熱帶產物。制定小麥、牛奶和奶油「全球」價格的機制，顯然跟咖啡、茶葉、可可和蔗糖的價格機制大不相同。

早餐，擺盪於全球市場和跨國市場

　　當然，決定小麥國際價格的因素很多，特別是各產地的氣候變化；因此，當舊蘇聯成員國，也就是今日經濟外交圈所謂的「黑海區」，都成了小麥出口國時，因產量相當不穩定，對穀麥的行情影響力自然相當之大，因而連帶影響了大宗進口國（好比埃及）的償債能力。儘管如此，二次大戰結束後，美國政府陸續通過的農業法案（Farm Bills）一直是決定價格的關鍵基準。遵照農業法案制定國內的穀物價格時，他們最關心的是國內農民的收入；此外，美國也按照該法案決定出口的量，而過多的出口會間接造成國際穀物價格下滑。

　　同樣的思考邏輯也可以套用在「動物類產品」的價格上，特別是牛奶和奶油，卻因而衍生出歐盟的共同農業政策（PAC）影響了歐盟以外地區的情況。幾十年來，透過外銷津貼補助，這類產品在歐盟境內的價格，始終能維持在高於國際價格的水位，以確保歐洲的畜牧業者能

有一份合理的收入；這項措施有效的把國際價格控制在相對低的位置，結果傷害了沒有財力實施這類農業政策的國家的農牧業。有鑑於農業政策要付出的成本太過沉重，且農村對政治的影響力正逐漸減弱，於是醞釀改革共同農業政策，但歐洲畜牧業者強力動員誓言阻擋。看來，要見到牛奶的國際市場自由化，還有得等。

相對的，農業為當地社會和勞動人口的主力產業，甚至是主要經濟來源的國家，卻沒有那樣的資源施行保護主義政策。尤其當該國的食品生產不是針對國內內需市場，而是為了滿足海外的需求時，情況更是明顯。然而，這就是那些專為銷往歐洲，而後更廣銷西方各國的熱帶產品，過去被稱為「殖民地產品」的農產品，長久以來所面臨的景況，尤其是蔗糖、茶葉、咖啡、可可（還有香蕉、棉花、天然橡膠……）。

1970 年代，許多國家嘗試循石油輸出國家組織的模式，希望在價格疲弱時，各國能協議減產。努力很快的收到了正面的成果，咖啡和可可的價格穩定的維持在一定水準，農民因此能獲得穩定的收入，但也吸引了更多新興國家加入種植，長久下來供過於求，價格自然下跌。石油也面臨同樣的困境，許多非石油輸出國家組織的國家四處探勘油井，其中包含北海油田，因而引發 1985 年

的原油過剩危機，立即對原油價格產生壓力。相對於含碳氫化合物的地質分布層很快的將被迫設下開採限制，熱帶地區幅員廣大的潛在農耕地，反而成為今日富裕國家和崛起中國家爭相購買的產業標的。

於是，有些農產品基本上是由市場供需來決定批發價格，另一些則大幅仰賴國家政策（或跨國組織，例如歐盟）制定價格。對於第二類的農產品，社會觀感和地方政策非常重要，至於第一類的產品，跨國企業擁有相當大的操作空間。只有第一類產品真正參與了全球經濟，第二類產品毫無疑問的只能算是跨國經濟。

於是，當柏林人、東京人或紐約人拿塗了奶油的麵包，沾加了糖的牛奶咖啡吃（日本人也這麼吃）時，他演繹了兩種迥然不同的經濟和社會關係。對歐美人來說，麵包、奶油和牛奶的價格屬於國內社會的政治折衝，雖然日本人也受影響，但他無法參與決策。對這三國人民來說，咖啡的價格取決於數百年來的全球衝突關係，糖的價格則端看各國協商的產量——通常是甜菜的產量——與蔗糖行情雙邊的仲裁結果。

總而言之，假設我們杯裡喝的是全球，拿來配著吃的可是全球的社會！

公平交易興起

二次大戰後，殖民制度的解體顯示了，光是政治獨立並不足以消泯未開發（此名詞在1949年出現）的事實。第三世界的援助行動（另一個當時流行的名詞，源自阿佛雷德·索維[1]1952年發表的文章）如火如荼，大力鼓吹協助當地開發。同時也衍生了一股反對此等援助政策的戰鬥主義，因為出於好意的援助其實潛藏著傷害當地產業的毒素。「要貿易，不要援助」的運動，口號用英文說起來似乎比較響亮：「Trade, not Aid!」，1960年代在美國開始興起，而後由聯合國貿發會議（CNUCED）接手。公平交易於焉起飛。

「公平交易」一詞很早就有。創始者是號稱美國第一位無政府主義者的約書亞·沃倫（Josiah Warren，1798-1874）。他創辦了一家商店，店內的商品價格一律以勞動成本計價，之後更組織創立了以互助主義為基礎的「社區」（colonies）。當時公平交易涉及的經濟範圍極具地域性，跟一百年後這個詞所代表的意義迥然不同。事實上，公平交易是以繁榮第三世界為願景，1960年代獲得廣大的迴響。至此，公平交易的意識形態主軸出現了轉變，反而變成基督教公益團體打著它的旗號舉辦慈善活動，除了法國

和義大利之外，主事者多為新教教派。

最早各團體是以販售手工藝品為主；後來由於舊殖民地紛紛獨立，原有的帝國市場因保護主義抬頭而難以打進，導致熱帶農產品價格大跌，公平交易的商品轉而多以農產品為主。1946年起，一支再洗禮福音教派「門諾會」，開始販售波多黎各和大溪地產的手工藝品。1950年代末期，荷蘭和瑞士各地紛紛成立新教教會。1974年，在皮耶神父的大力奔走之下，創立了「世界工匠」商店，原意是要幫助遭水患肆虐、損失慘重的孟加拉黃麻農。參與的組織愈來愈多，有些彼此聯合成為聯盟，使得公平交易活動的後續發展難以緊密追蹤。後來衍生出多個互相競爭的不同理念，從單純的慈善活動，到明擺的反資本主義政治行動都有。

被標上「公平交易」標籤的商品以咖啡的涉入最深，其次是巧克力，遠超過糖、茶葉和其他也有資格貼上這個標籤的熱帶農產品；想來這跟在拉丁美洲傳教的傳教士有一定的關聯。2015年，冠上這類標籤的產品的全球總銷售量逼近四十億歐元，參與的小農將近兩百萬。銷量雖然逐年成長，但相較於全球貿易量，佔比仍是微不足道。為了避免走向偏鋒，1988年，在荷蘭籍傳教士法蘭斯・梵德霍夫（Frans van der Hoff）的倡議

下，在荷蘭創立了馬格斯‧哈佛拉爾公平交易產標（Max Havelaar），1989年世界公平交易組織（WFTO, World Fair Trade Organization）誕生了。產品走出了單打獨鬥的商店，飛上大賣場的貨架。馬格斯‧哈佛拉爾並非教會中的哪位積極分子，而是荷蘭作家愛德華‧道維斯‧戴克爾（Eduard Douwes Dekker，1820-1887）[2]以筆名穆爾塔圖里（Multatuli）發表的小說書名，1860年出版的這本小說揭發了爪哇農民被剝削的慘況，尤其是咖啡農。

馬龍歐公司（Malongo）的發展史正是這場運動四方普及的象徵。一開始馬龍歐只是尼斯地方上的一家小公司，1934年以烘焙咖啡豆起家，黃金三十年時期，業務蒸蒸日上，發展成區域型企業，為此特別要感謝一齣電台廣播連續劇《維多琳姑媽話家常》（La pastrouil de tante Victorine，「pastrouil」是普羅旺斯方言「閒話」之意）。1970年至1980年間咖啡價格波動劇烈，該公司歷經了非常艱困的時期。1992年該公司董事尚皮耶‧布朗（Jean-Pierre Blanc）在墨西哥結識了法蘭斯‧梵德霍夫（Frans van der Hoff），於是決定將馬龍歐公司導向專營小農咖啡，自此公司產品長期占據超市貨架的新區，馬格斯‧哈佛拉爾產標商品區。2009年，馬龍歐公司買下瑞士咖啡烘焙廠庫安德特（Cuendet），該公司也專營同

類型的咖啡。

一開始，「公平交易」標籤的創立，單純的只是想確保產區的農民能獲得合理的報酬。慢慢的，關懷的標的逐漸擴大：兒童權利、兩性平等，甚至是環境議題。因為關注環保，公平交易一頭栽進了爭議性高的熱門議題，各方對公平交易戰士的批評聲浪開始高漲，像是：與其促進熱帶地區農產品外銷到富裕國家，更應該專注於指導他們滿足內需；或一心推廣栽種獲利佳的經濟作物，反而傷害糧食作物種植等指責。今日，不浪費能源的決心也促使人們重新思考遠地貿易的利害得失。早餐的飲品首當其衝。公平交易人士呼籲消費者購買方圓二百五十公里內生產製造的貨品，這些「在地食者」（locavores，以肉食者、雜食者、素食者為邏輯衍生出來的新名詞，是 2005 年在舊金山舉辦的全球環保日活動中創立的新名詞）顯然是站在經典早餐的對立面。

第三世界主義和反全球化主義的主張想要取得一致，看來頗有難度，尤其是對我們杯裡盛的東西。

邁向即溶「早點」

第二十話

歐陸早餐稱霸天下

　　如果說過去至少兩百年來，西方人的杯裡盛的是全球，那麼全球其他地區大半人民杯裡喝的卻是西方。若說早餐的萌芽是十六至十八世紀間強權第一次殖民下的產物，那麼新型早餐的全球普及原則上就是十九至二十世紀初第二次殖民產生的效應。西方生活型態的特徵除了歐式服裝和歐洲語言之外，歐洲飲食也是重要的一環。大清早喝杯茶或咖啡，可以的話來匙糖更好，已經是絕大多數人的共同習慣了。

▼　　城市的、普羅大眾的、有錢有閒的　◀

　　進食是生物所必需，但三餐卻是各民族形成的社會儀式。所以各地都有屬於自己的白天第一頓。一如十八世紀之前的古老歐洲社會，早上這頓飯，一般來說，跟其他時候吃的飯沒有什麼大不同之處。十八世紀以前，在歐洲無論是城裡或鄉間，米粥麥糊和濃湯搭配麵包，一直都是填飽一夜空腹的標準食物。茶和咖啡是慢慢的攻佔剛起床的朦朧時刻，本來沒有取代傳統早餐食物的

意圖。新型的歐式早餐跟著殖民政策的腳步，緩慢但堅定的擴展，但擴張的步調卻沒有隨著各地去殖民化的腳步而限縮。

　　原則上，早上這餐跟大多數的習俗一樣，是從社會金字塔的頂層往被管轄的底層擴散，當然也有例外。融入習俗的領導階級，現今該改說是「菁英階層」了，往往是最快把新型早餐當成現代化特徵的一群。層級的擴散不僅由上到下，同樣也由城裡擴展到鄉野，十八和十九世紀的歐洲就是最佳寫照。要了解新型早餐，有兩個面向非常重要：集體的架構以及主從關係。印度士兵和廓爾喀兵（英屬印度的廓爾喀本地軍）的軍營，一如塞內加爾機關槍戰士和安南戰士（法蘭西帝國士兵）的基地，還有少數的幾間寄宿學校，正是讓文武青年（因為女性比較不受影響）養成早餐喝「飲料」吃麵包的大本營。而一些「侍應生」（boys）、女僕和僕役，因而必須懂得如何準備早餐，也往往拿吃剩的早餐果腹，這個情形更加廣加深了西式早餐的觸角。再者，稍有餘裕的本地居民喜歡看著外國人有樣學樣，於是跟著模仿起這一套。

　　西方的旅人去到未經強權殖民的地方，例如中國、日本、暹邏，或殖民政策廢除得較早的地區如拉丁美洲，也多半希望能在那裡吃自己習慣的食物。十九世紀初開始

如雨後春筍般建立的西方連鎖飯店，搭上觀光產業全球化的腳步，對西式早餐的推廣有著推波助瀾之效。飯店的餐廳慢慢的塑造出一套標準化飲食，以經典款熱飲搭配吐司麵包或甜麵包為主軸，另提供果醬或奶油。偶爾也可看到水果或火腿燻肉，再加上雞蛋。

這套英式早餐的精簡版，一般稱為「歐陸早餐」，二十世紀中期再納入美式穀片，滿足了每一位國際商務客或觀光旅客的飲食需求，如今已是每間飯店的標準早餐模式。人類學家馬克·歐傑（Marc Augé）首創「非地方」（non-lieu）一詞，用以描繪機場或全球各地大同小異的商場等公共場所；同樣的，早餐也可以說是「非美食」（non-gastronomie）的一餐：當然不是說早餐食物一定不好吃，只是了無新意。

歐洲之外的「小歐洲」

第一個字母小寫的「小歐洲」（europes）是地理學家傑克·利維（Jacques Lévy）給那些人口多數為歐洲移民的國家的稱呼，他們的飲食當然也屬歐風。各地也許會有一些區域性的差異，好比工廠加工的即食穀片就是新加入早餐的生力軍，源自美國以玉米為基礎原料的玉米片，

這也是穀片原文名稱「corn flakes」的由來。最初的想法是推出不需調理，開封即可食的歐風麥片粥，因為燕麥粥一般需要煮上二十幾分鐘。

英國殖民統治讓茶享有發展先機，不過口味稍淡的美式咖啡消耗量也不容小覷。過去的英國自治領地，像是澳洲、加拿大、美國，均位居全球前30大熱飲消費國之列，無論是茶（每人每年喝掉超過一公斤）或咖啡（超過四公斤），要知道平均泡一杯咖啡所需耗費的咖啡豆是一杯茶所需茶葉的四倍重。這樣的量比起全球最大消費國，當然是小巫見大巫，咖啡的第一大消費區是斯堪地納維亞國家（一個芬蘭人每年要喝掉超過十二公斤的咖啡豆），至於茶的最大消費區是阿拉伯國家（沙烏地阿拉伯以每年喝掉超過六公斤之姿遙遙領先，是英國人的三倍之多）。但若將這兩項飲品加總計算的話，「小歐洲」的排名立即往前提升。

區域性的差異其實很小，譬如在加拿大會用楓糖漿，和高熱量的「豬肉醬」（creton）塗麵包。澳洲人則樂於在麵包上抹一種從酵母抽取物精萃加工而成的鹹味醬維吉麥（Vegemite），算是英國馬麥醬（Marmite，用釀造啤酒後沉澱堆積的酵母所製成的醬料）的南方表親，具強烈的異國風味。其實維吉麥並非源自英國，紐西蘭人也吃，該

產品由當地早餐食品龍頭新康利（Sanitarium）公司生產銷售。在美國，因受到荷蘭和德國的影響，傳統的英式早餐從十九世紀初便出現了混搭的狀況。最歷久不衰的當數鬆餅（「pancake」一字源自荷蘭文的「pannekoek」，字面直譯是「平底鍋鬆糕」）。這種煎餅的麵糊裡加了酵母或小蘇打，因而煎出來的餅質地更鬆軟。美國也是馬克杯的推廣地，他們用馬克杯喝淡咖啡，而且多半會加入榛果或巧克力增添風味，這是該地原創的喝法。

二十世紀中，美國模式開始往外擴散，遍及全球，異國情調反倒變得可有可無了。過去，在北美以外的地區，玉米片向來被認定是兒童食品，一直等到吃穀片的兒童世代長大成人後，依舊繼續保持吃玉米片的習慣時，這樣的社會觀念才有了改變。十九世紀末，英國和北美地區的早餐餐桌上到處可見食品大廠的影子，農產品加工業大幅加快了歐式早餐的普及腳步，卻也壓縮了食品的多樣性。今日唯一的差異只在於，北歐傳統上第一頓飯吃得豐富，而拉丁民族則較簡單。豐盛的北方版早餐，以英國殖民遺產之姿擴及全球，至於有時單喝一杯咖啡，間或搭配幾塊抹醬麵包的精簡版，如今反倒成為都市人和有錢人的標準早餐，常見於法國和葡萄牙舊殖民地區，還有南美。

　　巴西，全球第一大咖啡生產國，國民早晨必定會來上一杯咖啡，以至於連早餐都直接叫做「café da manhã」了。因為巴西人一般都早起（學生七點半就開始上學），所以早餐吃得很早，大約是五點到八點之間。除了咖啡之外，咖啡一般都加非常多的糖，還有水果、麵包、奶油，家境還不錯的家庭裡也看得到起司和雞蛋。但早餐很少吃得像北美那般豐盛，就算是有錢人家也不這麼吃。城市居民大多到「padarias」（麵包店）吃，就是那種店內擺了幾張桌子同時兼賣咖啡的麵包店。因此這裡的飲食習慣非常歐化，早餐傾向南歐版本，不過水果倒是非常常見，以木瓜和柳橙為主。但到了鄉村，取代麵包的是玉米庫斯庫斯（couscous）或「farofa」這種油炸的木薯麵包，搭配一點當地放牧的肉品。雖然巴西幅員廣大，早餐的差異性卻多來自社會階級的差異，而非地區的多樣性。奶製品是有錢人家獨享的早餐品項，一般大眾吃的多是麵包或玉米庫斯庫斯。

　　拉丁美洲的其他國家也是早鳥一族，阿根廷跟智利尤其早。後者的學校八點開始上學，九點半的課間休息時間，學校會供應一份早點給學生吃。因而早餐有逐漸

失去家庭特質的傾向，如今只有在鄉間才看得到全家一起吃早餐的景象了。餐點內容跟歐式早餐幾乎沒有兩樣，有茶或牛奶咖啡、麵包、奶油、雞蛋，此外經常可看到酪梨，當地稱之為「la palta」（跟其他西班牙語系國家的稱呼「aguacate」不同），而且是吃鹹的。工人階級，尤其是礦工，早晨通常吃得非常豐富，主食「chorrillana」是滿滿一盤薯條覆蓋荷包蛋和肉品，有點類似魁北克的「肉醬起司薯條」，但也逐漸式微了。

阿根廷的早餐飲食與智利相當近似，只是喝的幾乎全是咖啡，而且咖啡都會加牛奶；相對的，智利人偏好喝茶。這項歧異的起源是，定居阿根廷的移民多半來自義大利。布宜諾斯艾利斯人喝咖啡喜歡配「mediaslunas」（加香料調味的可頌麵包）和「cañoncitos」（中空的千層派卷，裡頭塞滿檸檬奶油或巧克力醬），這兩樣都是義大利南方常見的甜點。這類非常接近歐式早餐的食物常可在美洲緯度較高的溫帶地區看到，也就是印第安原住民幾乎已經消失不見，或僅剩少數的北美英語系地區和南美國家。

當不同種族的人混居一處時，早餐通常會隨著社會上的強烈對立而呈現極端不同的樣貌。例如南非，種族隔離政策的傷痕，以及布爾人（Boers）[1]和以英語為母語的白人之間的對立，始終不見消弭；此外巨大的社會經

濟差距也是影響早餐樣式的因子。說英語的白人，尤其在開普敦一帶，早上都是吃英式早餐。阿非利卡人也喝茶或咖啡，但更喜歡吃燉肉或牛肉熱狗（不是豬肉的），即所謂的「南非香腸」（boerwors），通常還會搭配一種玉米粥，當地人稱為「mielie-meal」；「mielie」源自葡萄牙文的「milho」，是首批歐洲殖民者盧西塔尼亞人（Lusitanien為羅馬帝國一行省，即現今的伊比利半島）從美洲大陸帶回來的玉米。「mielie-meal／玉米粥」帶有強烈的民族認同感，因為在大遷徙時期（Grand Trek）[2]，布爾人就是靠著玉米才活下來——荷蘭裔的布爾農民在1835年至1840年間往內陸遷徙，意圖逃離英國的箝制。如果經濟能力許可的話，通常也會配些蔬菜或肉類一起吃，這道菜廣受南非黑人的歡迎，特別偏好在早上吃。南非香腸也是城裡人的基本菜色，他們稱之為「pap」（帕普）。只要家庭經濟壓力較寬鬆，一般人多會選吃美式早餐，孩子們就吃玉米片。相反的，比較偏遠的地區還看不到西式早餐的蹤跡，而且一天的第一頓他們吃的東西跟其他兩頓沒有多大區別，儘管小米（mil）和高粱在十六世紀移入的美洲玉米和四季豆大軍壓境下，各地的耕地面積逐年縮減。

南非的早餐樣貌反映的不僅是黑色非洲遭隔離切割的社會對立，其特徵展現在城鄉的差距上，同時也反映

了前後在此地殖民的三重文化的累積：葡萄牙、荷蘭和英國文化。

歐洲移民飄洋過海，往南往西遷移，同樣也經由陸路往東。俄羅斯是歐洲傳統飲食習慣邁向國際化的重鎮──儘管俄國人始終認為自己是歐洲人⋯⋯「zavtrak」（завтрак）俄文的第一餐飯（源於「zavtra」，意指「明天」）跟十八世紀時西歐發展出的新型早餐應該扯不上什麼關係。俄國人喝茶的歷史更古老（何況茶的俄文是「chaï」〔чай〕）雖然到了十九世紀中期，茶葉改由大型英國公司供應。俄羅斯跟加拿大一樣，為抵禦冬季嚴寒，早餐吃得相當豐盛。

傳統上俄羅斯人早餐吃「kacha」，一種蕎麥糊。如果經濟許可的話，除了這碗麥糊之外，還可搭配甜奶油餡的小麵餃（vareniki，也有人翻成「義大利餃」）和錫爾尼基起司脆餅（sirniki，一種用奶渣製作的烤餅，是俄羅斯的傳統甜點），同樣也是甜的。俄羅斯人喜愛紅莓果製成的果醬，尤其喜歡覆盆子果醬，他們常常把果醬當成糖直接加在茶裡面（就像俄羅斯動畫導演尤里‧諾斯丁〔Youri Norstein，1941-〕那部奇妙的卡通短片《霧中的小刺蝟》裡頭演的一樣）。早餐也有鹹的食物，其中你想避都避不掉的就是粗大的醃漬黃瓜了。各地方的差異似乎很小，反

倒是社會階級的差異經常表現在菜色上。所以這早上的一頓無論是在明斯克還是在海參崴吃的都是一樣的東西，是名副其實的歐亞早餐。

就算是居住在西伯利亞極北的民族，好比鄂溫人（Evenes，俄文轉音的關係又譯「埃文人」，居住西伯利亞東部的少數民族），喝茶的習慣也非常久遠。不過近期，在蘇聯解體之後，雀巢即溶咖啡悄悄現蹤。「palatka」（四人用的鄂溫人冬季小帳篷）裡第一個醒來的人，起床的第一件事就是去拿（肯定是在前一天睡前就用短刀削好的）落葉松粗木屑來點燃鍋爐爐火；這攸關這一小群人的性命，因為就算氣溫降至攝氏負55度，夜裡也不能生火。冬天裡，起床後的第一個動作就是先把接在鍋爐邊上的鋁製水槽裡結凍的河水敲碎，再把幾只被炭火燻黑的茶壺放上鍋爐燒熱，朝裡頭塞茶葉。當所有人都拿了一杯熱水簡單梳洗完畢之後，大夥攤開鄂溫人家裡唯一的家具——摺疊餐桌，圍著喝茶吃蕎麥糊，然後才走出帳外趨攏四散針葉林內的馴鹿。若當日有宰殺馴鹿，就有肉吃。當然狗也能夠分到一杯羹。半個月後，如果遲遲沒能獵到熊的話（鄂溫人一般吃熊肉肋排，其餘部位的肉就是狗狗的了），也只能回頭吃蕎麥糊或麵餃。但早上一定會喝上一大杯滾燙的茶，通常會加糖和奶粉，對南方人來說，這

茶湯可能會燙到無法入口。夏季，一般會吃營區婦女自製的麵包，搭配用刀從大紙箱裡挖出來的奶油。鄂溫人有時候會在抹了奶油的麵包上撒結晶糖粒，偶爾也會用在針葉林空地採集的越橘製成果醬，但相當罕見。鄂溫人的早餐基本上沿襲了俄羅斯人的早餐飲食，只是偶爾會出現北方大地捕獲的山林野味。

夾在中國和俄羅斯中間的蒙古，喝的大概也只能是茶了。他們的早餐更是直白的稱作「早茶」，一定是先喝茶再吃東西，吃的通常是油炸食物，邊吃邊喝，最後再以茶作結。就算沒有固體食物也沒關係，但一定少不了滾燙的茶。牧羊人是例外，這個以畜牧業為主的國家，牧羊人的數目相當可觀，他們只能忍耐到晚上再喝。值得注意的是：蒙古的茶是鹹的。這樣的早餐飲食由來甚久，早在十三世紀的蒙古文獻上就有記載。糖走進蒙古飲食和茶湯裡是最近的事，而且只有在大城市才這麼做。

遠東，西化的極限

十八世紀以來，新型早餐一直是「現代化」的整體特徵之一。歐洲生活方式的普及，不單是殖民和移民政策所帶動的效應，更是工業化和都市化變遷的後續影響。

在地廣人稀和以農耕為主的地區，早餐的飲食習慣多保持傳統樣貌，就算在強權的殖民地區也一樣。矛盾的是，在那些熱帶和亞熱帶地區，亦即晨間飲料的發源地，反而是現今最多人堅持延續當地古早味早餐的地方。歐陸早餐就在二十一世紀初現代化發展最快速的中心區域，踢到了鐵板，這塊地方，從舊有以歐陸為中心的世界觀切入，就是如今大家口中的「遠東」區。今日很多人為了拋開傳統的地理劃分邏輯（這又是歐洲地理學建置的原則），採用更籠統的說法簡稱之為「亞洲」的這塊地方。

一旦開始研究這個地區的早餐，新型早餐的整體邏輯立即崩解。在這裡，我們看到牛奶咖啡配抹醬麵包，明顯的被換成了傳統的鹹味食物，還有人拒絕一切奶製品。有時直接被稱為「遠東地方」的日本，恰恰見證了早餐轉換成歐式早餐的蛻變。日本傳統早餐是以米飯為主，搭配味噌湯，味噌湯的主要原料由字面便可知為味噌，是由黃豆和其他穀物混合米麴發酵而成的，非常鹹。早上喝味噌湯的難題首在時間緊迫。加了糖和牛奶的咖啡和英式紅茶，在二次世界大戰之前已經開始走進日本都市家庭。

直到戰後，在美軍託管的時期，這地區的飲食才出現巨大的轉變。為了解決戰後缺糧的問題，大量的美援

進入，進而加速了飲食西化的腳步，尤以吐司麵包、奶粉和即溶咖啡為大宗。雀巢即溶咖啡如今已是全日本大街小巷都可以看到的品牌。學校食堂在這場飲食變革裡功不可沒，因為學校早上會供餐給所有學童。美援因此引發了一場真正的飲食革命：喝牛奶。直到二十世紀，牛奶一直被認為是跟尿味道差不多的分泌物，而今牛奶，老實說是以奶粉的型態，已經攻占了日本各地的早餐餐桌。

韓國的早餐「atchim ssiksa」逐字翻譯是「晨間食物」之意，絕大多數的韓國人都喝咖啡，韓國因而晉升咖啡消費大國之列。他們一大早就喝咖啡，而且常常是全家一起喝。這樣一個日常作息節奏飛快的社會，國家的名字卻有著「朝日恬靜」的意涵。但早餐的其他菜式依舊延續傳統的米飯、海帶湯或豆芽湯，夏天時則是黃瓜湯或辣牛肉湯，當然絕對少不了泡菜，也就是發酵辣漬的大白菜。雞蛋也很常見。因為家庭婦女一般沒有太多時間準備早餐，所以經常是拿隔夜的剩菜再利用，並就近直接在廚房裡吃。所以相較於其他兩餐，早餐吃得草率些；正因如此，早餐才比較容易被工業化大量生產的食品攻占，超市販售的餅乾也開始出現在早餐桌上了。跟日本一樣，韓國人其他時間多喝綠茶，而咖啡已成為晨間飲料。

相對的，西式早餐在中國完全不受青睞。大城市的

國際飯店當然會提供歐陸早餐，但這三十年來生活水準的大幅提升並沒有對早餐造成重大的影響，當然，香港例外。雖然中國各地對西式產品的消費急遽增加，其中也包含了西式餐飲，但每日吃的第一頓飯卻沒有太大的變化。鑑於中華帝國各路菜系博大精深，中式早餐大體以鹹的為主，對奶製品敬謝不敏，而且多飲用豆漿而非茶。一般多以乳糖不耐症來解釋此一現象。在一個稻田無盡綿延的國家，按理說水牛必定不少，只是畜牧業的比重極少，無法大量供應乳製品。

這項特質尤其體現在文化層面上。一般認為喝牛奶等於是在破壞農民與牛隻之間親如家人的關係。不過近來中國進口優格的數量直線上升（但起司的量還是相當少），讓幾間西方大廠笑得合不攏嘴。只是這個新現象，好比像星巴克這樣的連鎖店如雨後春筍般在大都會區紛紛展店一樣，跟早餐沒有什麼特殊的關聯。

今日，現代化已經不再是一味的模仿歐洲範本了，十九世紀從阿姆斯特丹、倫敦和巴黎開始逐漸形塑的標準早餐樣貌，已經不再是各地一定得依樣畫葫蘆的範本，一如開私家轎車和在機場說洋涇濱英文。西化退場，東西交雜才正時興。

第二十一話

融合交雜的早餐

　　不是全世界早上的那一頓都能用「早餐」統稱之。拜全球化之賜，歐洲人吃壽司，日本人吃披薩，但那些基本上都是在中午或晚上吃。每日第一階段的進食情況，各地大不相同。早上這一頓吃的東西似乎也比較無關國家民族的認同。然而，跟日常生活的其他眾多範疇一樣，也可能會遭遇抗拒、懷念或追本溯源之情。

　　南韓的例子說明了一切：清早飲食習慣改變的主因，正是所謂的現代化所帶來的緊張生活。十九世紀在歐洲發生的一切，如今在全世界的每一座城市都看得見：時間更緊張，上班的路程更遠，家中每個成員的一日行程變得更明確也更僵化，不可能在家做飯，同一屋簷下的家人須得交互輪替著盡速完成該做的事（盥洗、著裝、早餐），且因城市規劃的緣故，往往必須在瀰漫著廣播或電視音響的壓縮空間裡完成 ⋯⋯ 然而，我們囫圇吞下的食物，日復一日的「製造出」我們的這些食物，無論在何處，都隱含著身分認同的深刻意涵，除了對自身歸屬的民族認同感之外，還有社會階層、家族系譜、世代的認同。套用社會學者克勞德・費施勒（Claude Fischler，1947-，

法國社會學、人類學學者）經常被引用的話，「我們吃的造就了我們」[1]。這句話反過來說也通。

咖啡、可可和茶，無論是原產地，人工種植的產區，都在熱帶或鄰近熱帶的區域。這一帶也是如今被概括稱為「第三世界」的地方，那裡的生活，或比較晚，或只有部分，受到都市化和工業化的影響。此外，經濟作物造成的外銷導向經濟，加上社會的不公，阻礙了當地的發展，兩個問題都尖銳棘手，似乎也互為因果。所以，早上第一頓吃的東西與全球化的新型早餐相距最遠的地方往往就在這一帶，好像也挺合理的。

除非……

非洲鄉野

走進非洲計程小巴招呼站，來自西方的旅人大概會對該地食物單調至此而感到驚訝吧。當地的居民，如果他有在歐洲生活的經驗，可能會回嗆：「您還不是一樣，每天早餐都吃一樣的東西……。」的確，茶來伸手、飯來張口的人嘴邊常掛的那句問話，或許帶了點大男人的口吻，不就是：「今天吃什麼？」這句話問的可能是午餐，或是晚餐，但絕沒道理出現在早餐時刻，因為答案永遠一樣。

衣索匹亞是唯一躲過了被殖民命運的非洲國家（僅部分領土曾遭法西斯義大利占領五年），它也是咖啡的搖籃。只是有很長一段時間，在這個基督徒占人口多數的國家裡，人們對咖啡一直抱持著懷疑的態度，視它為伊斯蘭教的飲品。後來是受到義大利的影響，咖啡才開始風行。直到今日，衣索匹亞一億的人口裡，有將近80%的人民務農。巡視田園或放牧牛羊之前，他們多會先吃一塊大麥或小麥麵包，或者一片苔麩餅（tef，高原植物，又稱衣索匹亞畫眉草，一種當地產的穀物），全都是幾天前就做好的，所以很硬。「早餐」在當地叫「qurs」，就是「一塊麵包」的意思。早上這餐通常搭配牛奶一起吃，在畜牧業發達的地區，早餐幾乎一定有牛奶，還有咖啡，因為現在衣索匹亞高原茅草屋旁的院子，多少都種了幾株咖啡樹；牛奶和咖啡不會混在一塊兒喝，而且咖啡基本上是喝鹹的；但一定都是熱熱的喝，因為高原茅草屋裡的冬日清晨可是非常冷的。

如果有錢又有閒的話，早餐桌上也可能出現肉，通常是牛羊內臟，還有青菜。但僅限於多到數不清的宗教齋戒日（大約每隔兩天就齋戒一日）之後，還有就是夏季青黃不接的時候。城裡，喝咖啡的風氣逐漸打開，搭配麵包店買來的麵包。早晨，上班族通常會喝一杯咖啡或

奶茶，都是甜的，還會搭配糕點，就像義大利人一樣。

這樣的情況日漸普及。除了到處是咖啡樹的衣索匹亞之外，其他非洲國家的城市，幾乎都已被即溶咖啡攻陷了，他們總是在早上搭配麵包一起吃，若是在法國或葡萄牙之前的殖民區，人們吃的多半是法國長棍麵包，若是英語系國家則多配吐司。隨著「雀巢咖啡」──因為它已經是所有即溶咖啡的代名詞，包括本地品牌在內──計程小巴招呼站也販售煉乳和麵包。這類食物看起來好像比較令人安心，因為不僅西方旅人怕吃當地食物，就連在地的旅人也對不知道是哪位廚娘做出來的食物敬而遠之，深怕有人下咒。但回到家後，飲食自然回歸傳統。

在安塔那那利佛（Antananarivo，馬達加斯加首都），早上吃的是「sakafo kely」，馬拉加斯語（malgache，馬達加斯加的官方語言之一），意指「便餐」，傳統上會有一碗當地人叫做「vary sosoa」的濃稠大米粥，稍有經濟能力的人會加些肉乾、炸牛肉條和搗碎的花生一起吃。咖啡非常普遍，多搭配「mofo gasy」，一種用米粉揉製油炸的麵包，咖啡通常是用上了釉彩的金屬杯子裝，路邊的小店都有賣。都市居民的早餐則愈來愈法國化，通常是咖啡、麵包（麵粉製）、奶油（大多是人造奶油）和果醬。咖啡文

化在二十世紀初透過殖民走進馬達加斯加,當地人逐漸養成早上喝咖啡的習慣,尤其是在咖啡產區和都會區。在這個畜養瘤牛(zébus,一種肩部長有肉瘤的黃牛)的國度,奶製品的消費也快速成長,雖然經濟比較拮据的人可能負擔不起。

何況,由企業界轉入政治界的馬克‧拉瓦盧馬納納(Marc Ravalomanana)就是從食品業起家的:他把家族創立的小小乳品加工廠發展成全國性的大企業體,蒂科集團(TIKO),接著當選首都市長,而後在 2002 年到 2008 年間擔任馬達加斯加共和國總統。由此可見,早餐確實充滿了無限的可能。在這個大島嶼上,早餐的西化是全面性,而且深深扎了根的。手頭不寬裕的人多半只有咖啡和麵包果腹,因為麵包比米飯便宜。

撒哈拉沙漠北部,阿拉伯世界的偏遠鄉野,早飯的菜色跟其他兩餐相差無幾。從馬克里布的東邊到日出之境,最常見的當數「foul」,燉煮蠶豆,東邊一帶的配菜比西邊豐富些。這是埃及最典型的早餐食物,通常會加入大蒜、香菜、檸檬和多種香料一起燉爛。不過在阿爾及利亞和突尼西亞兩地,多吃原味「foul」不加醬汁。這道菜熱量高,價格又公道,通常會搭配未發酵的麵包「baladi」一道吃。鄉間的人很少喝咖啡,喝的多半是水或者牛奶,

不過城市裡，喝咖啡的人愈來愈多了。只有在馬克里布的西邊，摩洛哥和奧蘭尼（Oranie，阿爾及利亞西部地區）才在早上喝薄荷茶，這裡吃的麵包比較厚，像是粗麵粉餅「harcha」，或是發過的麵團做的薄餅「beghrir」，千層薄餅「msemen」，外加水果，椰棗或蔬菜……視個人經濟能力而定。

　　撒哈拉沙漠，牧人和旅隊的世界，少見西式早餐。無論是牧人營區或薩赫爾的村莊（Sahel，北非撒哈拉沙漠和蘇丹草原間的狹長地帶，從大西洋岸到東非之角，橫跨九個國家），所謂的「早餐」跟其他時候吃的東西沒有差別，都是小米粥，塔馬士德阿拉伯語（tamashed）（撒哈拉沙漠北邊）稱作「eshink」，哈薩尼亞阿拉伯語（hassanyia）（南邊）則稱之為「chercheme」，多以牛奶或融化的奶油調味。也單獨喝牛奶，現擠現喝，擠奶是婦女大清早的工作。男女有別，分別帶著年紀較小的孩子在帳篷或屋子的兩端各自進食。至於茶，泡茶一直是男人的事，飯後才飲用。今日，都會女子會為自己泡茶，算是女性解放的象徵。西化的腳步跟其他地區一樣都是從都市開始。非洲各國獨立之前，禁止各地原住民移居城市，除非在城裡有工作。

　　所以一直到了1960年代，歐式早餐才跟著即溶咖啡

和市集販售的麵包，慢慢的現蹤撒哈拉。和撒哈拉沙漠南邊一樣，一般人喜歡雀巢咖啡，另加幾滴甜甜的煉乳（還是雀巢的產品）。這裡路口最常見的三大景象，咖啡攤桌、堆疊的新鮮麵包以及汽車輪胎引擎維修廠，難怪看在西方人的眼裡實在是「毫無特色可言」。等著拋錨汽車能重新上路的空閒時間，就喝杯咖啡吃點麵包吧。就這樣，慢慢的，雖然還不是很安全，各類型的交通通訊讓撒哈拉沙漠與外界有了聯繫，飲食也開始西化。

美洲印第安人

　　美洲大陸從北到南，順著經度線大致可分成三大早餐區。溫帶北方承繼北歐的飲食習慣，以英式早餐為主，混以日耳曼因子。南美則比較偏向復刻拉丁歐洲；本地原產的馬黛茶一般在白天別的時候喝。總之，早上起來喝的不是咖啡就是茶，至於有著納瓦特語詞源的本地原產飲料巧克力，完全不在選項內。不過，在巧克力的搖籃，墨西哥，話就不能說得這麼篤定了。墨西哥熱可可一直以來都是世界知名的美味，只是不一定都在早上喝罷了；當地反而比較偏向在晚餐時喝。

　　墨西哥的早餐叫做「desayuno」，菜式跟其他時候吃

的餐點幾乎沒有差別：基本上主食都是玉米餅，如果確切遵循傳統的作法，餅會帶有濃濃的石灰味，然後就看個人口袋深淺來增添佐料啦。對經濟優渥的階級，還有觀光客來說，配菜反而成了主角，尤其是這道「墨西哥烘蛋」（huevos a la Mexicana），軟嫩的雞蛋混合辣椒和番茄，搭配黑豆泥（除了雞蛋之外，全部都是美洲原產的食材）。而端到觀光客面前的飲料，為了增加視覺美感多半選用洛神花茶，實際上多數的墨西哥人，連在鄉間也一樣，都喝咖啡，只不過是那種北美版的美式咖啡（襪子水的類型）⋯⋯。

安地斯山區，特別是玻利維亞，典型的早餐飲料就有特色多了。「api」是阿爾蒂普拉諾高原（altiplano，是南美安地斯山脈中部的高原，平均海拔三千公尺，地跨智利、阿根廷、玻利維亞、祕魯和厄瓜多）上特有的熱飲。它的特別之處在於它的色澤，略帶暗紫色調的豔紅色。一般多認為它是前哥倫布時期[2]就已經存在的傳統飲料，如今已是玻利維亞印第安人的民族認同象徵。「api」的確源自奇楚瓦語，也就是印加人的語言，意思是「調理」，因為「api」需要花費數小時精心調理。但如果是根據一般建議的食譜去做，這樣的「api」無疑的是全球化的飲品。是的，主食材是安地斯山的特產紫玉米。搗碎的玉

米在水中浸泡幾小時之後，加入香草、丁香、橘皮熬煮，然後加糖……全部都是舊世界的香料。若真想品嘗道地的玻利維亞早餐，還要再加上「empanadas／炸餡餅」和「buñuelos／炸麵包」，典型的西班牙食物，一般都吃鹹的……反正，跟歐陸早餐相差十萬八千里，完全連不到一塊兒。

　　馬提尼克裔作家派屈克·夏默佐（Patrick Chamoiseau）用「人類學大雜燴」[3]來形容安地列斯諸島的民族混融現象，安地斯諸島就像是一個大熔爐，來自遠方的所有東西，五花八門在此交流融合。最早只是務農的勞動工人階層吃的傳統早飯「didico」亦不能倖免。早上喝完咖啡後通常都還非常早，因為是日出而作，大概是五點左右，所以八、九點間一般人會再吃一頓豐盛的早飯，菜色則看昨晚剩下什麼而定：嗆酪梨（酪梨搗碎拌上鱈魚，再加入辣椒調味，這道菜的菜名大概就是這麼來的）、根莖類（木薯、馬鈴薯、胡蘿蔔……）、米飯和豌豆……食材來源廣泛，舊世界和新世界的都有。若遇到節慶或請客，還能品嘗到（通常都是用手抓）「鮮醬」的美味，那是一種滋味滿點的醬汁，滿滿的塗在麵包或香蕉上，佐以海鮮或雞肉。裡面融合了來自全世界的香氣，夏默佐絕妙的以「多重滋味的饗宴」形容之。

因紐特人（Inuits，美洲原住民之一，分布於北極圈周圍，屬於愛斯基摩人的一支）是美洲最早的一支原住民族，雖然他們不屬於美洲印第安人，但他們居住的邊緣地帶正好是新型早餐幾乎遍行全球的見證。他們選擇了新舊飲食習慣的中間路線：經常是感覺餓了就吃。因為從早上醒來開始，就必須維持身體的熱量抵禦外在嚴寒；因此，不一定得等到家人齊聚一堂才吃。年長的長輩還清楚的記得以前早餐吃些什麼，跟一天當中其他時間吃的菜色其實差不多：有肉，最常見的是海豹肉，或者魚，兩者都是水煮後吃冷的，因為都是前一天就煮好的，就算第二天頭一個起床的成年人點燃爐火後順手把食物加熱了，東西頂多也是溫的。年長的因紐特人曾對一位來自歐洲的地理學家說，這樣的飲食比現在年輕一代吃的標準美式穀物或吐司麵包更耐飢寒；也就是說，在以前，孩子們根本不需要這些摩登的機能衣……。

　　如今，因紐特人早上幾乎都會喝一杯加了糖的茶或咖啡，不過並非人人都加牛奶，因為牛奶比較貴。雞蛋和培根是星期天早上才會有的特別加菜，同樣是昂貴的食品。由此可見，因紐特人星期天早上吃的東西最不傳統，因為週日早上最常見的食材都產自遙遠的他方。

波里尼西亞的星期天不全球化

太平洋諸島人民的飲食大量使用魚，包含早餐在內，其實很合理。最常見的料理方式是油炸，這大概是從歐洲傳過來的。法屬波里尼西亞跟其他島嶼一樣，早上吃的通常是昨夜剩下的魚，喝的是非常甜的牛奶咖啡或「美祿」（Milo，巧克力牛奶粉），並拿炸魚沾著吃。咖啡最常見的是雀巢即溶咖啡；1950 年代，法國人在此開墾種植的咖啡園早已荒廢。當地人稱早餐為「taofé」，其實就是法國「咖啡」的大溪地版，通常吃得很早，大約五點左右，這樣才能趁著涼爽的清晨時間展開一天的工作。有時也會到街角的雜貨店「中國之家」，買根法國長棍或「firi firi」（甜圈圈類的油炸麵包），不過這些多半是週日早上限定……若換到了城裡，「Demis」（混血後裔）和「Popaa」（白人）吃的就是歐洲都會型早餐了，所以在巴比提（Papeete，法屬波里尼西亞首都）跟在巴黎一樣，早餐都是咖啡－麵包－奶油。

由於這裡什麼都開始得早，而且上學的路途有時候相當長，所以有愈來愈多的孩童早上開始吃工業大量生產的食品，特別是冰淇淋或穀物棒之類，這顯然與本地人民日益嚴重的肥胖問題有很大的關聯。傳統的飲食文

化跟這樣的飲食趨勢並非全然背道而馳，因為本地的食物通常也是高油脂，大多選用植物油和豬油。這裡，豐滿渾圓的體態不但不會受人指點，整體而言，相當美國化的社會氛圍似乎也覺得這樣的飲食沒有什麼不對，只是令營養師洩氣不已。

這裡跟其他國家一樣，也只有到了週日才會準備一頓傳統道地的早點。二十世紀引進的瓦斯爐淘汰了當地老祖宗流傳下來的烹調法，也就是法國人說的「大溪地土窯」，覆蓋土塊的石窯：食物先用樹葉包好，外層再裹上泥土，然後放在火烤得熱烘烘的石頭上，長時間燜煮熟透；等到開飯時再「破開」土窯。圍著土窯燜煮的魚消磨一早上，已經是本地週日最夯的活動了。愈來愈多的城市居民把這項活動當成一種文化的認同，不過在比較落後偏遠的小島上，迫於嚴守戒規的基督教傳教士的壓力，嚴格禁止在安息日從事任何活動，例如工作，當然也包括戲水或生火，上教堂做禮拜則不在此限。

由此可看到一種早餐城鄉分布的反轉：比較與世隔離的地方，傳統逐漸凋零，不過傳統卻虜獲了新一代都市年輕人的心，齊聚享受類似烤肉的歡樂節慶氣氛。位於法屬波里尼西亞南邊的南方島嶼，尤其是魯魯圖島（Rurutu）為了迴避宗教的禁令，改成在前一天晚上點火，

別的地方則多是一大清早，趕在上教堂或進廟宇之前。因為在做禮拜之前不可進食，所以「déjeuner」的確是名副其實的在十一點左右，也就是破開土窯的時候開始吃。晚上則繼續吃中午吃剩的。

波里尼西亞的例子別處也有，歐洲自家就能找到。需要花最多時間準備的舊大陸早餐，英式早餐，跟許多其他國家的早餐一樣，在當代生活型態的衝擊下逐漸式微。因此只有在週末，英國家庭才比較有閒暇煎蛋，煎熱狗、培根，豌豆、番茄、蘑菇……在此同時，法國人則是上麵包店買布麗歐奶油麵包（brioche）和可頌。

歐式早餐難道源自印度？

同理，今日庫斯庫斯之所以位列經典法國菜之林，難道不可以想成歐洲飲食大量承繼了被殖民地區的口味嗎？事實上，早上喝的熱飲確實是「大發現時期」的遺產。在此讓我舉個相關的例子：一位前往印度的法國大學學者望著眼前漂亮的「英式」草坪，興奮忘我，因此招來本地同事冷冷的回嗆：「您怎麼知道這是英式草坪而不是印度式的呢？」

印度人多數認為從英國傳遍全世界的甜味奶茶，是

英國人從「次大陸」學來的。在印度這個素食國度，培根和熱狗絕對是歐洲傳統產物。相反的，用油或用「ghee」（一種在印度相當常見的澄清奶油）炸出來的「炸麵包」卻是傳統的印度早餐食物。身為人工栽種甘蔗的先驅，和大面積圍圃種植的發明國，印度一直是蔗糖的消費大國，只是不光早上吃，其他時候吃下的量也不少。印度人早餐大多喝茶，一般作法是直接把糖加進茶壺裡，茶也多屬調味茶，印度人特別偏愛荳蔻口味。同樣的，牛奶也是直接加進壺裡，加的通常是乳牛或水牛的奶。

印度的早餐比之歐洲更多樣。這是因為幅員遼闊的「次大陸」本身就極具多樣性的緣故。從印度的北方和西方，一直到卡納塔克邦（Karnatak，印度南部地區，是印度資訊工業的重鎮），這些地區的人稱早餐為「nashta」（「點心」之意，源自梵語「anāśita」，飢餓之人，所以這個字的詞源應屬「齋戒結束」的系譜）。他們早上喝茶，吃捲著馬鈴薯和洋蔥內餡的麵餅「paratha」。但愈往南邊和東邊走，人們就愈偏愛米飯「poha」。在卡納塔克邦的鄉下，一般也吃「mudde」，是用粟米做成的丸子。更南邊的坦米爾納杜邦（Tamil Nadu，印度南部地區，臨印度洋），早餐叫「kalai unavu」（早上的食物，所以屬於另一支詞源系譜）。都市居民喜歡「idli」，用粗米粉做成的丸子，或

者「vadai」，油炸麵包；到了鄉間，最常見的食物當數「kuzhu」，一種白米和粟米混熬的粥……以上所舉的例子，只是在多到數不清的印度早餐食物中，給一個非常粗略的梗概而已。早餐食材的多變不僅因區域有別而不同，都市和鄉間也有所不同，更少不了社會階級間的不同。

如此多樣迥異的早餐食材裡，串連全印度的統一食物就只有茶了，而且永遠是甜的奶茶，因而引申出國家主義的直接發想，這個概念很快的就走進了當代論述，認定舊大陸，從印尼到大英帝國，喝奶茶的習慣必然源自印度，是歐洲人模仿印度人的早餐習慣。當然，古印度的飲食創新，在全球飲食發展史上的重要性，確實不容抹滅，光是甜品這一項就不得了了。我們可以合理的推論，印度次大陸是甜點的起源地。印度糕餅傳到了波斯變成了波斯糕點，然後到阿拉伯，從十五世紀開始，這些糕餅確實是歐洲糕點最初仿效的範例，有些甜麵包就是這樣流傳下來的……不過，這只是在這舊世界的軸心區域歷經的無數次交流融合當中的一次。而這個軸心區又以恆河流域到地中海之間的地帶交流最為活絡，所以說印度是催生出歐式早餐的眾多古老混雜源頭當中的一個，並不為過。

還有一個疑惑未解：是誰最早飲用床前茶── 又稱

早茶 ── 英國人還是印度人？大清早朦朦朧朧睜開眼，立即有人奉上一杯紅茶（當然是加了糖和牛奶的）是舊式英國管家 ── 極英國式的大宅總管 ── 行禮如儀的工作，而在印度的某些旅館至今仍然提供這項服務。大清早喝完床前茶，有時搭配水果或餅乾，毫不影響兩、三小時之後再來一頓厚實的英式早餐。印度人的確都起得很早，而現今喝床前茶的習慣（或者床前咖啡，喝咖啡的人有愈來愈多的趨勢），就有錢階級來說，在印度是比在大不列顛更風行，有的時候西方旅客還會抱怨，覺得清晨六點真的是太早了。

早餐
末日？

　　易普索市調公司（Ipsos）在2012年針對法國人的飲食習慣進行調查，結果顯示，傳統歐式早餐在法國依舊非常受歡迎。有超過80%的法國人每天早上會喝這三種十八世紀以來在此萌芽生根的興奮飲品。其中一半的人喝咖啡，這數據或許加上了喝菊苣咖啡的人；22%的人喝茶，9%的人喝熱可可（多半是孩童）。這80%的人當中，其中有四分之一只喝飲料，不吃任何固體食物；44%的人選吃抹醬麵包，麵包有的要烤、有的不烤，也有的選擇乾麵包片（biscotte）塗奶油或果醬；10%的人習慣吃甜麵包，多半是工業大量生產的產品，特別是布麗歐奶油麵包；8%的人同時會再吃一碗穀片。有20%的法國人完全不睬茶、咖啡、可可三雄，選喝牛奶或果汁。統計指出，早餐桌上幾乎看不到鹹的食物，不禁讓人感嘆新近歸化的海外屬地法國公民多已忘卻了先祖的晨間飲食習慣。

　　法國人在餐飲料理上似乎特別能堅守傳統，只不過早餐走的是另一條路。基本上，早上喝咖啡已經是全球均一的趨勢，只是搭配的點心反而日趨多樣化。茶的地

位同樣穩固，可能是因為全球前兩大人口最多的國家——中國和印度——茶是他們的首選。不過日本和韓國的例子卻告訴我們，儘管地處遠東茶之原鄉，咖啡仍有可能後來居上；甚至在俄羅斯，咖啡也已經躍升為極具威脅性的頭號對手。咖啡，尤其是即溶咖啡粉，滲透了全世界；它攻占了絕大多數的美洲社會，很早就搶下了波里尼西亞，在中東地區則持續奮戰不懈，而且也漸漸打進非洲微小的市場板塊。若要說到日常飲食的全球化，晨間熱飲不啻是最佳範例。不是有人這麼說嗎，咖啡已領先石油，是全世界賣得最多的液體？

過去歐洲人把全球放進自己的杯裡；今日，早上幾乎全世界都在喝這些全球化飲品。然而有跡象顯示，歐洲人創造出來的標準化「早餐」似乎面臨了滅亡的危險。

另類作息：早午餐

論述到這裡，始終循著嚴格定義的早餐，必須在一日三餐，即早餐—午餐—晚餐的正常作息框架下，才有其明確的意涵。一日三餐的進食節奏，除了因為各國的用餐間隔期間是否有吃點心習慣而會有差異之外，基本上都是以生物學上的食物消化時間，也就是出現飢餓感的時候為基

準制定，再者，也會受到飲食所肩負的社會責任的影響，聚餐是凝聚群體的一環，最常見的就是家庭聚餐。每日作息時間的統一，全國用餐時間的標準化，跟十九世紀以來以歐洲和北美為中心慢慢擴展到世界各地的工業化和都市化現象，密不可分。因此，在工業化深遠的國家，現代人民的工作和居住地的變遷，必然會造成生活型態的巨幅變化，以及飲食習慣的深層改變，早餐當然也不能倖免。

劇變之一：用餐時間的改變。早午餐可說是出現時間最早，且在現今社會中站得最穩的改變。簡單的合成辭──「早」（br），源自早餐（breakfast）＋「午餐」（unch），來自午餐（lunch）──清楚點出這是兩頓餐的合體。的確，餐點囊括歐陸早餐的所有構成要素，再加上午餐（或晚餐）的經典菜色：沙拉、鹹派、肉排、雞肉或冷食的魚。出於對時間次序的惰性反應，吃早午餐的時候大多先吃原先應該是早餐的食物，然後才吃「中午」的菜；結果創造了大異平常的進食次序，因為如此一來我們往往會先吃甜的再吃鹹的。

早午餐一詞，已穩穩的在法文語彙裡取得位置了，一如其他眾多語言，《牛津英文辭典》於1896年首次收錄。不過，早午餐的誕生地是美國，精準的說是紐約。原本是指那些週六夜狂歡後，隔天星期日早上很晚才吃

的那一餐。早午餐很快就風行北美，流行的原因跟它出現的緣由不太相同：星期日早上是大家一起上教堂的時候，所以習慣上都在離開教堂或廟宇之後才吃東西，亦即比較晚吃早餐。早午餐隱含了一種放鬆的意涵：採所有餐點同時上桌的自助餐模式，沒有繁複的手工菜。算是介於比較郊外、比較鄉村風的烤肉派對，和比較都市感的早午餐之間的一種餐聚。許多紐約客喜歡享受早午餐的「奢華」感，他們愛點一杯香檳或雞尾酒（尤其鍾愛一半香檳、一半橙汁調合的含羞草〔mimosa〕）。

十九世紀末，早午餐先攻占了倫敦市內比較高級的區域，而後擴及全歐，終於成為全球各大都會的一大特色，但仍以週末為主。其他的工作天，也有一種變異版的早午餐，早餐彙報或稱「晨間工作彙報」，一般多是早上剛開始工作的時候舉行，所以比平常的早餐時間要晚一些。到了下午，也有所謂的下午開胃點或午後點心，但尚未形塑出各自專屬的樣貌。遲至1980年代，法國才受到早午餐的影響，不過這個字很快的就深入了民間，而且從名詞變成了動詞（「bruncher」）。法蘭西學會曾嘗試用「déjeunette／近午簡餐〕」這個字來取代它，但成效不彰；後來麵包店直接借用這個字來稱呼一種使用比較短的長棍麵包製作的三明治，所以在法國「brunch」這個字

的用法比較偏向午餐。魁北克對借用英文一事比較敏感，因而多用「自助午餐」（déjeuner-buffet）來稱呼它！至於與它相對應的週日午後版，「午晚餐（slunch）」（supper + lunch），有時候也叫「drunch」（dinner + lunch），是否能有同樣的好運勢，目前還很難說。

杯裡的風暴！

無論如何，早午餐大體是週日限定，但很多餐廳覺得這是一個大好商機。早午餐的料理和服務成本皆屬低廉，但它的高級形象又能讓商家制定一個獲利豐碩的賣價。這的確是群體共享的一餐：沒有自己一人來吃早午餐的。由此可知，這新興的一餐等於是一週平常日裡逐漸崩壞的共餐結構的見證，也是一種補償。家到公司的通勤距離不斷拉長，工作時間趨於不定，使得一個人用餐有愈來愈多的趨勢。大賣場也開始對所謂的「游牧族」（用餐時間不定）早餐感興趣。

根據生活條件研究中心（Credoc）的研究顯示，21%的法國人每星期至少有一天會跳掉早餐不吃。速食文化也對早餐造成威脅，而且是全球性的普遍現象：太多的智利人、大溪地人，和其他文化背景的人可以見證。三

餐被分割得四分五裂已經是全球的趨勢，慢慢的銷蝕了早餐進化至今所建立的良好基石。

　　除了飲食愈趨個人化之外，另一個令人擔憂的議題「生機飲食」，也進一步的分化了飲食市場。生機飲食通常是透過穀物滲透早餐餐桌，如今所謂的穀物包含了青稞（orge）、斯佩爾特小麥（epeautre）、藜麥、奇亞籽、亞麻籽、葵花籽和南瓜籽。農產食品大廠很快的便嗅到了生機商機，大舉投資：家樂氏在2006年推出了古老傳奇系列。逐漸發展出一種煮熟的固體穀物商品：穀麥（granola，以燕麥片、堅果和蜂蜜為主原料烘烤後的食品）。至於飲料方面，傳統三劍客，茶－咖啡－可可遭逢了空前的對手。從美國開始風行全球的拿鐵咖啡異軍突起，好比黃金拿鐵（植物奶、椰奶、杏仁牛奶、薑黃奶），或是將經典日本抹茶粉末打進植物「奶」裡的抹茶拿鐵。而傳統的柳橙汁，則多被冰沙取代，裡頭的牛奶則換成了豆漿，再添加蔬果汁。這些創新飲食出現的時間不長，並未顛覆早餐的傳統地理分布，因為大部分的食材原料仍來自熱帶，例如墨西哥的奇亞籽，或南亞的薑黃。歐洲的畜牧業者甚至跳出來，反對把椰子汁和杏仁汁說成椰「奶」和杏仁「奶霜」，因為這些農產品都來自遙遠的異地（全球80%的杏仁產自美國加州）。

除了個人化和生機化之外，還有另一個敵手，那就是逐漸在歐美國家蔚為風潮的在地化概念，多吃在地生產的食物。身為飲食全球化急先鋒的早餐，當然是推廣「在地食材」鬥士的頭號標靶，何況它還壯大了食品工業的勢力。至今尚未有農經研究計畫，針對茶、咖啡和可可樹進行基因改造，好讓它們能捱得過嚴寒冬季。這正是新型早餐誕生地的西歐都會區最受爭議的核心議題，引發了支持公平交易的第三世界主義分子，和推廣「在地食材」鬥士們之間的衝突。提倡另類全球化（altermondialiste）的人士，關心的重點是第三世界的「小農」，他們和呼籲食用「在地食材」的鬥士選擇了全然相反的道路。對國際議題感同身受的世界公民，和倡議在地優先的本地民眾，兩者之間的緊張已經成為今日各地西方民主制度的重大建構基礎。這場大規模的衝突，早餐必然無法倖免。

儘管如此，早晨喝茶、咖啡或可可的好日子似乎還相當的長。但，如同歷史上所有的一切，既有開始，定有結束。或許，在這全方位提倡後現代主義的時代，我們也正邁向後早餐時代……。

每個人都知道天天吃的早餐，因為太過熟悉了，以至於沒想過該去深入了解它長達三世紀的歷史。早餐飲

食習慣的調查研究走筆至此，儘管顯然還不是很成熟完備，我們也差不多該運筆寫下「到此結束」（fin）了，當然，可別寫得太順，不小心把肚子裡的心聲「咕嚕嚕」（faim）地寫出來喔。

致上元氣滿滿的感謝

對那些願意撥冗幫我，解開我對那些遙遠國家的困惑的地理學者、人類學家、歷史學家，在此，我致上最深的謝意：

馬克‧艾洛（Marc Alaux），菲利普‧巴席農（Philippe Bachimon），克勞德‧巴代庸（Claude Bataillon），文森‧凱德皮（Vincent Capdepuy），碧翠絲‧柯羅紐（Béatrice Collognon），凱撒‧杜庫埃（César Ducruet），維若妮卡‧杜龐（Véronique Dupont），法蘭斯瓦‧都蘭—達斯特（François Durand-Dastes），丹尼‧艾凱特（Denis Eckert），克勞婷‧柯斯坦（Claudine Goldstein），凱薩琳‧傅內—葛林（Catherine Fournet-Guçrin），亞藍‧加斯孔（Alain Gascon），菲利普‧日爾維—朗邦尼（Philippe Gervais-Lambony），裴洒特‧康讓（Pernette Grandjean），菲德列‧朗狄（Frédéric Landy），尚路易‧馬柯蘭（Jean-Louis Margolin），松沼美穗（Matsunuma Miho），米歇爾‧尼宏（Michel Neyroud），巴斯卡‧哈提耶（Pascal Ratier），丹尼‧何達（Denis Retaillé），楊‧李察（Yann Richard），黛安娜‧薩維達—羅培茲（Diana Saavedra-Lopez），蓮娜‧桑德斯（Lena Sanders），布魯諾‧索哈（Bruno Saura），馬馬杜‧

提梅哈（Mamadou Timera），以及供我汲取廣大世界各地早餐資料的其他眾多人士。

列不盡的參考書目

如同本書引言所述，至今很少探究早餐的專書，希瑟・阿恩特・安德森有一本《早餐。一段歷史》（*Breakfast. A History*）〔羅門和利特非出版（Rowman & Littlefiled Publishers），美國馬里蘭州拉納姆市（Lanham），2013年〕。但該書只花了二十幾頁的篇幅概述其沿革，且單純的以經驗談的角度描繪早餐，並未嚴謹的將社會和地緣政治等面向納入考量。

康奈克—傑伊博物館（musée Cognacq-Jay）在2015年舉辦了極具知識性的展覽，名為「茶、咖啡還是熱可可？」，展覽聚焦在十八世紀的巴黎。光是展覽的手冊就是一座資料寶庫，尤其是在文森—賽佛（Vincennes-Sèvres）製的古老瓷器這一塊：《茶、咖啡或熱可可？十八世紀風行巴黎的異國飲品》（*Thé, café ou chocolate? Les boissons exotiques à Paris au XVIII siècle*），巴黎博物館出版（Paris Musées），2015年。

由於參考資料取材極其廣泛，這本書參考了包含了博

物館展覽手冊、回憶錄、小說……更有眾多的歷史文獻和遊記。本書設定的讀者為一般大眾，所以不想在最後列出一長串無窮無盡的參考書目清單。關於美食文學和歷史的作品同樣族繁不及備載，但大多對早上的第一頓沒有給予太多的關注。儘管如此，我在此要特別列出三位作家，他們對我在編寫本書時，給了我特別多的協助：尚保羅·阿隆（《十九世紀的饕客》，巴黎，羅伯·拉封出版，1973年），克斯穹·普丹（Christian Boudan）（《味道的地緣政治。飲食戰爭》（ Géopolitique du goût. La guerre culinaire），PUF出版，2004年），以及吉爾·傅枚（Gilles Fumey）（《瑞士巧克力的故事》〔 Le roman du chocolate suisse〕，貝爾維戴出版〔Belvedere〕，2013年）。

我很樂於承認自己欠諸多專研飲食行為的人類學家、經濟學家和社會學家人情，尤其是皮耶·多凱（Pierre Dockès）（《糖與淚。概論全球化歷史》〔 Le sucre et les larmes. Bref essai d'histoire et de mondialisation〕，笛卡爾和希出版〔Descartes & Cie〕，2009年）；克勞德·費施勒（ Claude Fischler）（《雜食動物：口味、料理和身體》〔 L'homnivore: le goût, la cuisine et le corps〕，巴黎，歐蒂勒·雅各出版〔Odile Jacob〕，1990年）；傑克·古迪（Jack Goody）（《烹飪。菜餚與階級》〔 Cuisines. cuisine et classes〕，龐畢度中心出版〔Centre

George Pompidou〕，1984年）；西敏司（《白人的糖，黑人的血淚。權力的滋味》，納坦出版，1991年）。

舉凡有關這三大早餐飲品的資料，無論是描述性、技術性或歷史性的文字都要特別感謝戴榮格（Desjonquères）出版社的出版品：保羅‧布特爾（Paul Butel）的《茶的歷史》（*Histoire du thé*，1997年），妮奇塔‧哈維奇（Nikita Harwich）的《巧克力的歷史》（*Histoire du chocolate*，1992年），菲德列‧毛羅（Frédéric Mauro）的《咖啡的歷史》（*Histoire du cafe*，2002年），吉恩‧邁爾（Jean Meyer）的《糖的歷史》（*Histoire du sucre*，1989年），此外還要補充一本，依舊是戴榮格出版社出品的《東印度公司》（*Les compagnies des Indes orientales*，2006年），作者是菲利普‧歐德赫（Philippe Haudrère）。

注釋

前言

1 法文的午餐是「déjeuner」，早餐是在前面加一個形容詞
「petit／小的」，即「petit déjeuner」。

第一話

1 譯注：最早的美食和餐廳評論家，著有《美食者年鑑》(*L'
Almanach des gourmands*)，從 1802 年開始共出版了八本，後
來在眾多餐廳的抗議下停刊。

2 譯注：從 1799 年的霧月政變到 1804 年拿破崙稱帝之間。

第二話

1 《Géographies de la mémoire》(迦瑪出版社，2016 年)裡
都是這麼拼寫。到了 1798 年出版的《法蘭西學院字典》
(*Dictionnaire de l' Académie française*) 才刪除了長音符號。

2 《帝國極盛時期的羅馬日常》(*La vie quotidienne à Rome à l'
apogée de l' Empire*)，哈榭出版社 (Hachette)，巴黎，1939 年。

3 一世紀時拉丁作家蓋厄斯・佩特羅尼烏斯・阿爾比特 (Gaius
Petronius Arbiter，27-66 A. D.) 所著的小說，satiricon 原意
是指「好色之徒」。

第四話

1 〈中世紀：教堂時間和商賈時間〉，收錄於《歷史與社會科
學年鑑》(*Annales ESC*)，1960。

第五話

1 譯注：Nicolas Le Floch是法國電視二台2008年播放的偵探影集，故事背景為十八世紀的巴黎。

2 編注：當時為了迴避廚房飄出的氣味，會把廚房設在距離主要生活空間遙遠的地方。

3 《十九世紀的饕客》，巴黎，羅伯·拉封出版（Robert Laffont），1973年。

4 譯注：拿破崙一世打敗普俄聯軍後，和亞歷山大一世於1807年簽訂的俄法停戰條約。

第六話

1 譯注：呼應前面詳究的「déjeuner」變成「petit déjeuner」，所以有déjeuner變小之說。而這裡的déjeuner當然是在用餐時間曖昧未明前的定義，可能是早餐或午餐，其實意思是新型早餐誕生了，歐洲人更要往世界之外擴張，確保熱帶飲料供應無虞。

2 克里斯穹·葛塔魯，《大陸的誕生：歐洲如何劃分世界》（*L'invention des continents: comment l'Europe a découpé le monde*），巴黎，拉魯斯出版（Larousse），2009。

3 譯注：原產於非洲的熱帶雨林，果實可提煉出咖啡因，是飲料可樂的成分之一。

4 譯注：古羅馬作家，以《博物志》一書名留後世。習慣稱之以老普林尼，與其外甥小普林尼做區分。

5 西班牙傳教士，著作《新西班牙風物誌》（*l'Histoire générale des choses de la Nouvelle Espagne*）最早的版本是以他能流利說寫的納瓦特語（nahuatl，墨西哥南部和中南美洲的納瓦特人的語言）書寫，然後才翻譯成西班牙文，本書是研究阿茲特克社會型態的重要資料來源。

第七話

1　譯注：美洲印第安地區和亞洲的印度，在法文中都是「Inde」，歐洲列強控制東西兩邊的印度，也就是新世界和舊世界。本書都以舊大陸表示歐洲，而舊世界則指鄂圖曼，阿拉伯到中國的亞洲古國。

2　譯注：荷蘭探險家，他發現了一條從歐洲到印尼的海上新航線，因而打開了荷蘭的香料貿易，但他同時也是個間諜，當時葡萄牙帝國掌握獨占香料的貿易，他涉嫌偷取葡國的相關海上資訊。

3　譯注：Provinces Unies。1581-1795 年間，在現在的荷蘭和比利時北部地區，當時的七大行省共同組成的國家。

4　譯注：1857年至1858年，東印度公司服役的印度士兵兵變。導火線是關於營區膳食摻有豬油的謠傳，信奉伊斯蘭教的印度士兵開始抗議，而後抗議的議題更擴大到印度土兵與正規英軍之間的差別待遇。

5　譯注：瑞典動植物學家、醫生，瑞典科學院的創始人之一，它奠定了現代生物學命名二名法的基礎，公認是現代生物分類學之父。

6　譯注：蘇格蘭經濟學家，後成為路易十五攝政王時期法國的財政部長，主張發行紙幣，後因國債高築，又決定發行東印度公司的股票，終至泡沫破滅，東印度公司倒閉。

7　譯注：法國歷史上十五至十八世紀這段時期，亦即從文藝復興到法國大革命為止。標示了法蘭西王朝的結束，第一共和的開始。

1 譯注：辛香草原文為「herbes」，一般多譯成香草，在此為避免與後文的「vanille」香草混淆，多加一個「辛」字。

2 譯注：指東半球與西半球之間生物、農作物、人種、文化、傳染病，甚至思想和觀念的突發性交流。1492 年哥倫布發現新大陸，是大規模航海的開始，也是新舊大陸之間聯繫的開始，引發各種巨大的轉變。

3 譯注：摩亨佐達羅又稱死亡之丘，是印度河流域文明的重鎮，約建於西元前 2600 年，位於現在的巴基斯坦境內。哈拉帕為印度河流域文明時期的碉堡。

4 譯注：法國籍猶太預言大師，著有以四行詩體裁寫成的《預言集》（Les Propheties），後世研究者從這些短詩裡看出不少歷史事件，如法國大革命、希特勒崛起以及飛機、原子彈的發明。但詩體曖昧模糊，預言穿鑿附會頗多，但研究者依舊信誓旦旦。

5 譯注：orienter une carte。orienter 源自 orient（東方），是定出方位之意。

6 譯注：十二至十七世紀間盛行歐洲的傳說，在信仰基督的東方地區，有一個由基督教祭司統治的神祕國度，此傳說散見於多部中世紀流行的作品。

7 譯注：1897 年，在加拿大克朗代克河附近發現金礦，消息傳遍全美，造成一股淘金熱潮。

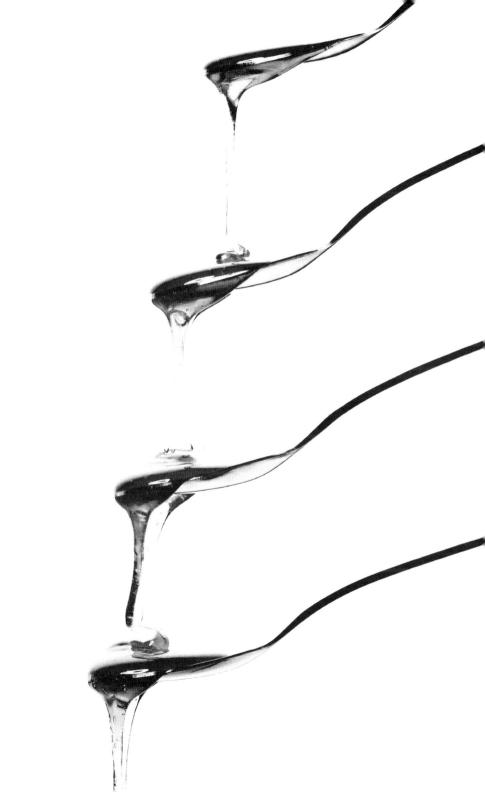

第九話

1　編注：德拉瓦將咖啡帶入時於寫給朋友的信件中提到，他帶了「在我國家前所未見之物」回來。不過實際上咖啡在德拉瓦之前就已傳入了。

2　譯注：喜歌劇（opera buffa）是古典時期首先在義大利出現的一種新型歌劇，常以喜劇性的人物來諷刺時務。

第十話

1　譯注：唐朝人喝茶是用煮的，先把茶磚碾碎成麵粉狀的茶末，把茶末放進鍋中滾水裡，滾上三滾，最後喝那鍋茶湯。宋代則是把茶末分到幾個茶碗裡，沖入滾水，一邊沖一邊攪，而且必須快速攪動好讓茶末和滾水充分混合，稱之「點茶」。

2　誠如波多（Porto，葡萄牙北部臨大西洋的港口城市，是葡國第二大城）著名的百年老雜貨店「東方之家」（Casa oriental）的葡萄牙文招牌清楚揭示出茶字拼法「chá」。1910年開業的「東方之家」專門販售葡萄牙在非洲和亞洲殖民地的農產品，如今店內販售的商品來源更廣。其門楣海報畫出典型的非洲意象，簡陋茅屋，非常直白的呈現了殖民地區的社會面貌。

3　譯注：著名的語言學家，他於十七世紀遠赴交趾支那傳教，編寫了第一部拉丁文—葡文—越南文字典，創立了越南語拉丁化的拼音文字，日後取代了原本的漢喃文字，成為越南的主要文字系統。

4　譯注：羅伯・福鈞（Robert Fortune，1812-1880），蘇格蘭植物學家，最為後人傳頌的事蹟是將茶樹從中國引入印度種植。

5　羅伯・福鈞也把各類牡丹和菊花帶進歐洲。

第十一話

1　譯注：位於宏都拉斯西部，靠近瓜地馬拉邊境。科潘王國歷史可追溯到西元二世紀，並在五至九世紀達到鼎盛，之後跟馬雅的其他城邦一樣突然衰落，並被徹底遺棄在叢林中。

2　這分偏好影響了美洲的印第安人。

3　譯注：1581 年至 1714 年間以西班牙為共主的邦聯國，包含今日的比利時、盧森堡、法國和德國北部，直到西班牙王位繼承戰爭，此一邦聯才結束。

4　譯注：英國政治獨裁者，他是英國史上最具爭議性的人物之一，1649 年處決了查理一世，廢除英格蘭的君主制，並征服蘇格蘭和愛爾蘭，屠殺當地的天主教徒。有些歷史學家批評他的這種行為無異種族滅絕，有些人則視之為英雄。

5　譯注：神聖羅馬帝國皇帝。西班牙國王卡洛斯二世去世沒有留下子嗣，其父利奧波德一世力推他爭取西班牙王位，但面臨法王路易十四孫子腓力的強力競爭，卡洛斯二世遺囑 指定腓力為王，利奧波德一世不服，在其他歐洲國家的支持下發動西班牙王位繼承戰爭，1711 年，查理六世因其兄過世，接任神聖羅馬帝國帝位，因而放棄爭奪西班牙王位。

6　法國的第一座巧克力工坊就出現在巴約納。

7　譯注：法國化學家，被尊為近代化學之父。他首先提出元素的概念，於 1789 年發表化學元素表，列出三十三種元素。

8　譯注：法國情色哲學家，著有多部情色小說，而他的姓氏也成了性虐戀的代名詞，通稱「薩德主義」。

9　譯注：《索多瑪 120 天》和《茱麗葉》（又譯《於麗埃特》）都是薩德的小說，前者描述了被綁架、奴役的男女青年的性虐待行為，後者主角茱麗葉是一個妓女和罪犯，生活放蕩

最後卻很幸福。

10　譯注：法國企業家，1816 年創立巧克力工坊，並於 1856
年開始生產條狀巧克力。

第十二話

1　譯注：指橫跨西亞、北非、兩河流域附近的肥沃土地，在
地圖上看起來如一彎新月，故而美國考古學家布雷斯特德
（Breasted）把這一大片土地稱為新月沃土，又譯肥沃月灣。

2　譯注：文藝復興時期的旅行者，是來自格瑞那達的摩爾人。
他遍遊北非和近東，十六世紀出版旅行遊記。

3　譯注：1574 年至 1750 年間在北非的一個近似國家的政治實
體，名義上屬於鄂圖曼帝國管轄，疆域大致符合今日的突
尼西亞。

第十三話

1　在發明真空包裝以前，咖啡豆都是等到最後一刻要喝時才
研磨，以保留咖啡香氣。研磨機有四個演變階段：十五世
紀，土耳其－阿拉伯世界率先使用磨豆機，其實是香料研
磨機的改良款，只是機身大一些；十八世紀後，歐洲人開
始使用方形木造磨豆機，機械裝置為金屬製；接著，壁掛
式研磨機也開始出現，咖啡館特別愛用；1950 年代家電藝
術風潮興起，插電型磨豆機最是吸睛，雖然零售咖啡豆的
銷售量正逐年減少。

2　1685 年出版的《咖啡、茶和可可的新奇論文》一書的卷頭插
圖中，可見土耳其人、中國人和美洲印第安人各自拿著一
杯原產於他們國家或居住地區的飲料，以及盛飲料的容器；

咖啡壺、茶壺和巧克力壺（巧克力壺旁邊有攪拌棒）。這三個人代表著想像中的世界三大區塊，獨缺第四大區塊歐洲。杜福是里昂的藥商，他在此書裡詳列了三種飲料的療效，因為在當時這三種飲品仍廣泛的被視為藥材。

3 譯注：法國詩人，1904年諾貝爾文學獎得主，除了詩歌創作外，更全力投注發揚普羅旺斯語的工作。

4 譯注：法國律師、政治人物，但以「懂得吃」著稱，常被人拿來和美食指南鼻祖葛力莫相提並論。

第十四話

1 《咖啡相關物品》（*Les objets du café*），巴黎，法國國家科學研究中心（CNRS）出版，1989年。

2 以1758年洛里昂造船廠出廠的馬西亞克號為例，它以時任海事總督的名字命名，於1759年到1770年間為印度公司共航行了七次（其中四次前往印度，到過法蘭西島兩次，中國一次），船上機組人員大約一百六十到兩百人之間。洛里昂印度公司博物館館藏的馬西亞克號模型，即呈現自中國回航時滿載著瓷器（艙底）、茶葉和絲綢的情形。

3 譯注：皮耶・羅狄是法國小說家，著有《冰島漁夫》、《菊夫人》等作品，富異國情調，在當時非常受歡迎。安納托爾・佛朗士也是法國小說家，1921年諾貝爾文學獎得主。

第十五話

1 譯注：地理大發現前期的兩大海權國西班牙和葡萄牙，在教皇亞歷山大六世的斡旋之下此簽訂條約：規定兩國共同壟斷歐洲之外的世界。此約後來在其他列強崛起後遭到抵制廢除。

2 譯注：1648 年 10 月 24 日在神聖羅馬帝國的威斯特伐利亞簽訂之和約，標了三十年戰爭的結束。之後，各國間的宗教衝突慢慢泯滅，但取而代之的是各國之間的互動衝突以及國際矛盾。

3 安瑪麗・狄葉絲（Anne-ftarie Thiesse，法國當代史學家，專研文化史），《建立國家認同》（*La création des identités nationales*），巴黎，瑟伊出版社（Seuil），2001 年。

4 譯注：國王的起居空間位於凡爾賽宮二樓的相連房間。

5 譯注：一般勞動階級下班後，五點到七點間吃的簡便晚餐，由於多坐在高檯上食用，故稱之「high tea」。

第十六話

1 西敏司，《白人的糖，黑人的血淚。權力的滋味》（*Sucre blanc, misère noire : Le goût et le pouvoir*），納坦出版（Nathan），1991（英文版的書名更一目了然：《甜與權力：糖在近代史的定位》，紐約，維京出版）。西敏司生於 1991 年，卒於 2015 年 12 月。

2 譯注：1958-1962 年間短暫存在的邦聯，由數個英國殖民地組成，英國政府希望該邦聯可以變成一個完整的政治實體，成為大英國協的一分子，後因內部政治紛爭而解散。

3 譯注：東印度是個鬆散的地域概念，廣義的東印度包含印尼、馬來群島、菲律賓群島，中南半島和印度次大陸。

第十七話

1　譯注：指卡斯提爾女王伊莎貝爾一世，和阿拉貢國王費爾南多二世夫妻。1469 年兩人聯姻使得雙方家族的王室合併，促進了西班牙統一的進程。

2　譯注：《保羅與維吉妮》（*Paul et Virginie*）的作者是傑克－亨利・伯納丁・德聖皮耶（Jacques-Henri Bernardin de Saint-Pierre），該書是十八世紀的代表作品。

3　譯注：非洲南部地區，在 1839 年至 1842 年間一度是個獨立的國家，後遭英國入侵，被迫與英國的其他殖民地合併。

4　《奴隸新制。印度勞工海外出口》（*A New System of Slavery. The Export of Indian Labour Overseas*），倫敦，牛津大學出版，1974 年。

第十八話

1　譯注：1993 年至 1995 年法國第二次左右共治時期的總理，1993 年 9 月 13 日發布命令，對傳統長棍麵包的製作和材料訂下嚴格的規定，以保護傳統麵包店不受到大型食品企業的低價競爭，一般稱為「麵包政令」。

2　譯注：維也納之圍發生於 1863 年 7 月，鄂圖曼帝國發兵圍困維也納，9 月神聖羅馬帝國的哈布斯堡王朝與波蘭王國聯軍發兵馳援，成功阻止鄂圖曼帝國往歐洲內陸擴張的野心。

3　譯注：德國化學家，對現在農業和生物化學貢獻極大，他發現了氮對植物營養的重要性，因此有「肥料工業之父」之稱。

第十九話

1 譯注：阿佛雷德·索維（Alfred Sauvy，1898-1990），法國人類學家，歷史學家。第三世界的說法是他在法國雜誌發表的文章裡提出來的，借用法國大革命時「第三階級」一詞，他說：「第三世界受忽視、剝削、鄙視如第三階級，還是希望得到一些東西。」

2 譯注：荷蘭小說家，長期在荷屬殖民地政府任職，根據自己的經歷寫成了代表作《馬格斯·哈佛拉爾》，揭發政府在荷屬東印度實施的殖民政策造成當地農民貧困的情況。

第二十話 ——————————

1　譯注：居住南非境內的荷蘭、法國和德國白人移民後裔。這個說法源自荷蘭語「boer」（農民），又譯波耳人，如今多改稱「afrikaaner」（阿非利卡人）。

2　譯注：拿破崙戰爭結束後，英國開始有組織的往澳洲、加拿大和南非等地移民，開普敦地區的英國移民人口很快的壓倒了已經移居此地百年的布爾人。布爾人的農場因對英國殖民政策感到不安，於是舉家往內陸遷徙，時間斷斷續續持續了四、五年之久。

第二十一話 ——————————

1　《雜食動物：口味、料理和身體》（*L' Homnivore: le goût, la cuisine et le corps*），巴黎，歐蒂勒‧雅各出版（Odile Jacob），1990 年。

2　譯注：指在西班牙航海家哥倫布第一次來到美洲之前，亦即 1492 年以前。泛指美洲未受到歐洲文明影響的歷史。

3　派屈克‧夏默佐，《缺席的食材》（*La matière de l' absence*），巴黎，塞伊出版（Seuil），2016 年。

歷史大講堂

百年早餐史：現代人最重要的晨間革命，可可、咖啡 與糖霜編織而成的芬芳記憶

2018年7月初版　　　　　　　　　　　　　　　　定價：新臺幣350元
2022年8月初版第五刷
有著作權・翻印必究
Printed in Taiwan.

著　　　者	Christian Grataloup	
譯　　　者	蔡　孟　貞	
叢 書 編 輯	黃　淑　真	
特 約 編 輯	林　碧　瑩	
校　　　對	馬　文　穎	
內 文 排 版	Jupee	
封 面 設 計	Jupee	

出 版 者	聯經出版事業股份有限公司	副 總 編 輯　陳　逸　華
地　　　址	新北市汐止區大同路一段369號1樓	總　編　輯　涂　豐　恩
叢書主編電話	(0 2) 8 6 9 2 5 5 8 8 轉 5 3 2 2	總　經　理　陳　芝　宇
台北聯經書房	台 北 市 新 生 南 路 三 段 9 4 號	社　　　長　羅　國　俊
電　　　話	(0 2) 2 3 6 2 0 3 0 8	發　行　人　林　載　爵
台 中 辦 事 處	(0 4) 2 2 3 1 2 0 2 3	
台中電子信箱	e-mail:linking2@ms42.hinet.net	
郵 政 劃 撥 帳 戶	第 0 1 0 0 5 5 9 - 3 號	
郵 撥 電 話	(0 2) 2 3 6 2 0 3 0 8	
印　刷　者	文聯彩色製版印刷有限公司	
總 經 銷	聯 合 發 行 股 份 有 限 公 司	
發　行　所	新北市新店區寶橋路235巷6弄6號2F	
電　　　話	(0 2) 2 9 1 7 8 0 2 2	

行政院新聞局出版事業登記證局版臺業字第0130號

本書如有缺頁，破損，倒裝請寄回台北聯經書房更換。　　ISBN　978-957-08-5138-0（平裝）
聯經網址 http://www.linkingbooks.com.tw
電子信箱 e-mail:linking@udngroup.com

Originally published in France as:
Le monde dans nos tasses : trois siècles de petit déjeuner, By Christian Grataloup
© Armand Colin, Malakoff, 2017
ARMAND COLIN is a trademark of DUNOD Editeur- 11, rue Paul Bert- 92240 MALAKOFF.
Complex Chinese language translation rights arranged through Divas International, Paris 巴黎迪法
國際版權代理（www.divas-books.com）

國家圖書館出版品預行編目資料

百年早餐史：現代人最重要的晨間革命，可可、咖啡
　與糖霜編織而成的芬芳記憶/ Christian Grataloup著．蔡孟貞譯．
　初版．新北市．聯經．2018年7月（民107年）．304面．14.8×21公分
　（歷史大講堂）
　譯自：Le monde dans nostasses: trois siècles de petit déjeuner
　ISBN　978-957-08-5138-0（平裝）
　[2022年8月初版第五刷]

　1.飲食風格　2.歷史

538.709　　　　　　　　　　　　　　　　　　　107009642